그래서 예수

그래서 예수

초판 1쇄 발행 | 2022년 2월 14일

지 은 이 | 임홍섭
펴 낸 이 | 이한민
펴 낸 곳 | 아르카

등록번호 | 제307-2017-18호
등록일자 | 2017년 3월 22일
주   소 | 서울 성북구 숭인로2길 61 길음동부센트레빌 106-1805
전   화 | 010-9510-7383
이 메 일 | arca_pub@naver.com

홈페이지 | www.arca.kr
블 로 그 | arca_pub.blog.me
페이스북 | fb.me/ARCApulishing

책   값 | 뒤표지에 있습니다
I S B N | 979-11-89393-31-1 03230

아르카ARCA는 기독출판사이며 방주ARK의 라틴어입니다(창 6:15).
네가 만들 방주는 이러하니 … 새가 그 종류대로, 가축이 그 종류대로,
땅에 기는 모든 것이 그 종류대로 각기 둘씩 네게로 나아오리니 그 생명을 보존하게 하라 _창 6:15,20

임홍섭 지음

지금 힘든 당신을 위한 구원 접속사

그래서 예수

아르카

나처럼 처음 가는 인생길을 걷고 있는 이에게
하고 싶은 말이 있습니다.

인생은 내딛는 발걸음마다
모두 처음이라 낯섭니다.
당황하지 마세요.

추천사

═══ 필립 얀시, 〈놀라운 하나님의 은혜〉 작가, 칼럼니스트 ═══

우리는 꽤 오랜 시간 삶의 위기와 절망에 관한 이야기를 나누었습니다. 여기에 그 결과물이 있습니다. 나의 책〈그분의 형상을 따라〉를 임홍섭 목사의 아내가 의대 석사와 박사 학위 논문을 쓸 때 인용한 것이 계기가 되어 만나서, 우리는 많은 대화를 나누었습니다. 특히 인간에게 찾아오는 위기와 낙심에 관해 깊은 대화를 나누었습니다.

임홍섭은 우리들이 나눈 대화를 통해, 인간에게 찾아오는 위기와 낙심이 심판을 위한 무엇이 아니라, 하나님의 형상을 따라 지음받은 고귀한 인간을 향한 하나님의 사랑의 메시지가 그 속에 있다는 것을 확인하고 기뻐했습니다.

이 책〈그래서 예수〉는 위로와 희망의 예수 그리스도께서 위기와 실패에 빠져 허덕이는 당신을 구원하신다는 희망의 메시지를 전해줄 것입니다. 당신이 당한 고난과 위기 속에서도, 당신을 실패와 실망 속에 방치하지 않으시려는 그분의 계획을 이해할 수 있는 귀한 기회를 이 책에서 찾아보기를 추천합니다.

죄로 말미암아 타락한 세상에서의 삶은 어느 누구를 막론하고 힘들고 어렵고 고통스럽다. 그것은 예수를 믿는다고 해서 크게 다르지 않다. 예수를 믿는다고 병들지 않는 것도 아니고 사고를 당하지 않는 것도 아니고, 사기를 안 당하거나 사업에 실패하지 않는 것도 아니다.

그러면 예수는 왜 믿는 것일까? 예수를 믿으면 환경이 바뀌는 것이 아니라 사람이 바뀐다. 어떤 형편과 처지에서도 능히 이겨 살 수 있는 능력을 얻게 된다.

임흥섭 목사도 살아오면서 많은 어려움을 겪어 왔다. 내가 아는 것만 해도 한둘이 아닌, 말도 안 되는, 힘들고, 억울하고, 막막하고, 비상식적인 일들을 겪어 왔다. 그런 일들을 당할 때마다 인간적으로 그 문제를 풀려하지 않고 하나님을 믿는 믿음의 식대로 풀려고 애써왔다. 그리고 풀어왔다. 그 구체적인 삶의 여정을 이번에 〈그래서 예수〉라는 책에 담아 출판하게 되었다.

'그래서 예수'라는 제목을 통해서 우리가 알 수 있는 것은, 그가 앞이 캄캄하고 막막한 일들을 수도 없이 당하며 살아왔음에도 불구하고 결국은 승리하고 성공하였다는 것이다. 예수를 믿는 믿음으로 승리하였다는 것을 알 수 있다.

이 책을 통하여 똑같은 어려움을 이 세상에서 겪으면서 살아가는 사람들 모두가 다 '그래서 예수'라는 똑같은 간증을 할 수 있게 되기를 바라는 마음으로 추천한다.

내가 맡은 프로그램이 30주년을 맞게 되어 바쁘게 특별 프로그램을 준비하는 일정 가운데 이 책을 읽어야 했지만, 읽는 내내 찾아온 감동 때문에 나는 오히려 힘을 얻었다.

인생은 사건과 사고의 연속이다. 성공과 실패, 행운과 실수, 은혜와 회개가 우리 인생을 구성한다. 이렇게 힘겹게 흘러가는 인생의 가치는 일어난 일에 대한 우리의 반응으로 결정된다. 당신은 상상조차 못한 일이 일어났을 때 어떻게 반응하는가? 사건과 반응 사이에는 접속사가 있다. 그러므로, 그러나, 그래도, 그런데, 그래서…. 당신의 인생은 당신이 선택한 접속사가 그 방향을 결정한다.

이 책은 세 번이나 죽음의 문턱을 넘나들던 임흥섭 목사의 파란만장한 인생을 따라간다. 젊은 시절, 큰 교통사고로 한때 하반신 마비의 고통을 겪었다. 그러나 낙심하지 않았다. 소련을 횡단하며 복음의 씨앗을 뿌리던 시절에는 총부리의 위협을 숱하게 겪었다. 그래도 굴복하지 않았다. 가족과 함께 큰 교통사고를 당하고서 1년간 병원에 머물렀다. 그럼에도 불구하고 삶을 멈추지 않았다.

그런데, 그는 왜 이토록 힘든 여정을 걷는 것일까? 그는 절망과 고난 중에도 사랑과 기쁨을 주기 위해 목숨을 바치신 예수 그리스도를 발견했기 때문이다. 그래서 그에겐 예수뿐이다. 그래서 예수다.

당신도 힘들고 버거운 인생 여정을 걷고 있다면, 이 책에서 임흥섭 목사가 발견한 '인생 접속사'를 찾아보기 바란다. 접속사마다 밑줄을 그으며 그의 인생이 어떻게 흘러가는지 따라가 보라. 그가 경험한 인생의 사건과 사역 중에 만난 성도들, 묵상 중에 만난 성경 속의 인물들이 그 접속사를 완성할 것이다. 결국, 같은 접속사를 선택한 나 자신을 발견한다. '그래서'다. 그래서 예수.

=========== 하정완, 꿈이있는교회 담임목사 ===========

아포리즘처럼 구석구석에 온통 지혜의 잠언이 숨어 있고, 저자가 살아온 날의 경험과 성경의 깊이가 더불어 숨을 쉬는 책입니다. 읽어가는 것만으로 나의 삶을 다시 돌아볼 수 있었고, 해답의 실마리가 보였습니다. 놀랍게도 자연스러운 환희로 '그래서 예수'라는 고백에 이르게 하였습니다. 참 아름다운 책입니다.

=========== 류응렬, 와싱톤중앙장로교회 담임목사, 고든콘웰신학교 객원교수 ===========

제가 참으로 사랑하고 존경하는 임홍섭 목사님의 책 〈그래서 예수〉를 추천하게 되어 너무나 행복합니다. 이 한 권의 책은 하나님을 지극히 사랑하고 주님이 맡기신 사명을 위해 한 번의 인생을 찬란하게 불태운 한 사람의 인생 고백을 담고 있습니다.

흥미와 긴장으로 연결되는 인생의 굽이 굽이를 보면서, 한 사람의 이야기를 넘어 그의 삶에 그림자처럼 함께 하시는 하나님의 인도하심을 발견하게 됩니다. 이런 점에서 이 책은 한 사람의 삶과 가르침을 통해 당신의 뜻을 이루어 가시는 하나님의 이야기라고 할 수 있습니다.

목사님이 경험한 선교지와 목회 현장에서의 다양한 경험에는 손에 땀을 쥐게 하는 스릴이 있고, 때로는 눈물샘을 자극하는 감동이 스며 있습니다. 주님의 부르심을 위해 올인하듯 달려온 목사님의 삶은 예수 그리스도를 따라가는 제자가 어떤 자세로 하나님 앞에 서야 할지를 보여주는 하나의 거울 같습니다. 특히 선교지에서 겪은 위험과 고난, 심지어 동료 선교사의 순교를 경험해야 했던 절박하고 고통스러운 순간의 이야기를 보는 것은 하나님을 사랑하고 복음을 위해 생명까지 바친 사람의 심장 소리를 듣는 듯합니다.

이 책은 누구에게나 자랑스럽게 보여주고 싶은 이야기만 담은 것이 아닙니다. 노출하기 꺼릴 삶의 흔적까지 진솔하게 그려감으로, 늘 자신의 부족 때문에 고민하는 독자는 위안과 소망을 품게 됩니다. 독자는 저자의 삶을 통해 그리스도를 따라가는 제자가 걸어가야 할 삶이 무엇인지, 무너지고 넘어지더라도, 그럴 때마다 어떻게 다시 일어날 수 있는지 영적 생활의 로드맵을 발견하게 될 것입니다.

우리는 이 한 사람의 인생 이야기를 통해, 마침내 그를 오늘까지 인도하신 하나님이 우리의 하나님이시라는 사실을 알고서 그분을 찬양하게 됩니다. 한 사람 한 사람을 당신의 형상으로 아름답게 빚어가시는 우리 주님, 그래서 그분이 우리의 좋으신 예수님입니다. 그래서 예수입니다.

===== 김한요, 얼바인벧엘교회 담임목사 =====

이 책에는 임홍섭 목사의 목회 30년의 땀과 눈물이 고스란히 담겨 있습니다. 뜨거운 심장으로 젊은이 사역과 선교 현장을 누비며 얻은 값진 교훈이 녹아 있는 이 책은 절망과 좌절 앞에서 길을 잃은 영혼들에게 길잡이가 될 것입니다. 우리의 종착점은 하나님의 출발점이며, 우리의 죽음이 부활로 일어나는 소망의 출구를 여는 기회가 될 것을 믿습니다. 인생을 진지하게 고민하며 사는 분들에게, 고난과 위기에 대한 해답을 찾는 분들에게 이 책을 강력히 추천합니다.

===== 노창수, 남가주사랑의교회 담임목사 =====

시련이 없는 성도의 삶은 햇살만 쏟아지는 사막과 같다. 그래서 어쩌면 시련은 오아시스다. 시련은 성도에게 필수적인 것이다. 저자도 엄청난 시련을 겪었다. 저자는 인생에서 세 번이나 죽음의 문턱까지 갔다가 왔다. 그래서 절망과 암흑의 시간이 얼마나 길고, 시련의 무게가 얼마나 무거운지 그는 잘 안다.

그는 칠흑같이 어두운 인생의 곤고한 밤을 만날 때, 벼랑 끝에 서게 될 때, 그의 자존감이 바닥으로 내동댕이칠 때, 예수를 바라보았다.

"멀미를 할 때는 눈앞을 보지 말고 먼 곳을 바라보라"는 말처럼, 그는 믿음의 눈을 들어 먼 곳, '먼 앞'을 바라보았다. 예수를 바라본 것이다. 그리하여 그는 시련에 갇히지 않고 벗어났다. 벼랑 끝에서 발을 떼고 나는 법을 배웠다. 사막에서 고난이라는 '오아시스'를 만났지만, 소망의 해가 뜨는 것을 경험했다.

그는 "위기와 결핍은 성장하는 길이다"라고 고백한다. 그래서 삶의 어떤 순간에도 예수를 경험하고 싶은 분들에게, 시련을 통해서 믿음의 날개를 달고 비상하길 원하는 분들에게 이 책을 적극 추천한다.

그러므로 우리가 낙심하지 아니하노니

우리의 겉 사람은 낡아지나 우리의 속사람은 날로 새로워지도다

우리가 잠시 받는 환난의 경한 것이

지극히 크고 영원한 영광의 중한 것을 우리에게 이루게 함이니

우리가 주목하는 것은 보이는 것이 아니요 보이지 않는 것이니

보이는 것은 잠깐이요 보이지 않는 것은 영원함이라

고린도후서 4:16-18

;

지독하게 힘든 당신에게

슬퍼할 시간도, 걱정할 시간도 없을 때

신학교를 마치고 목사 안수를 받고 난 후, 국제오엠선교회에서 미주한인오엠선교회의 총무직을 제안받고 사역한 적이 있습니다. 그 직책을 통해 미국 영주권 신청을 준비하기 시작하였습니다. 그때 마침한 대형교회의 일부 멤버가 분립하여 교회 창립을 준비하면서, 나를 부교역자로 불러 함께 사역하자는 제안을 해왔습니다. 담임목사의 간절한 부탁을 받은 나는 영주권 신청의 통로를 그 교회로 옮기는 조건으로 사역의 모든 기반을 옮겼습니다. 그렇게 사역을 시작한 지 1년 만에 하나님께서 그 교회에 부흥을 주셨고, 그 교회는 사역자를 다섯 명이나 더 세워야 할 정도로 급성장했습니다.

시간이 지나, 드디어 내가 영주권을 받을 수 있는 자격이 되어 담임목사의 사인을 받는 날이 하루 앞으로 다가왔습니다. 나는 너무나 감사해서, 전날 저녁에 목사님 가정과 근사한 저녁식사를 같이 하고 감사의 선물까지 했습니다.

그런데 다음 날, 놀랄 일이 터졌습니다. 그 목사님이 우리 가정을 위한 영주권 서류에 사인해줄 수 없다고 말한 것입니다. 한 달 뒤면 비자가 만료되는 때였는데, 눈앞이 캄캄했습니다. 미국에서 태어난 아이들은 미국 시민이지만, 우리 부부는 한국 시민이기에 한국으로 돌아가야만 했습니다.

대화를 해보니, 목사님은 내 영주권 수속에 관해 생각해본 적도 없었습니다. 교회(당회)와 논의한 적도 없었습니다. 처음부터 내게 거짓말을 했던 것입니다.

나는 슬퍼할 시간도 걱정할 시간도 없었습니다. 한 달 안에 미국을 떠나지 않으면 다시 입국하지 못할 수 있다는 변호사의 말을 듣고, 후일을 위해 우선 한국으로 돌아가기로 하고 짐을 싸기 시작했습니다.

한국으로 보낼 컨테이너를 주문하고, 이삿짐센터 사람들이 가구를 가져가기 시작했습니다. 집이 비어가는 모습을 보면서 생기는 착잡한 마음은 표현할 방법이 없었습니다. 처남 가정도 나 때문에 미국으로 들어온 상태였고, 사역지를 교회 근처로 옮기면서 집도 새로 샀기에, 그 집을 한 달 안에 처리해야 하는 문제도 기다렸습니다.

이삿짐을 정리하는 나의 마음은 무겁고 힘들었습니다. 짐을 정리하기는 하지만 이 짐을 한국 어디로 보내야 할지, 다시 미국으로 돌아올 수는 있을지, 오랜 해외 생활에 익숙해져서 한국에는 적응할 수 있을지, 짐을 먼저 보낸 후 미국을 떠날 때까지 어디에서 어떻게 먹고 살아야 할지, 아무런 대안을 가지지 못한 나의 처지가 너무나 한심하고 초라해 보였기 때문입니다.

아이들에게는 아빠에게 거짓말을 한 담임목사 이야기는 하지도 못했습니다. 이제 미국을 떠나야 한다고만 말했습니다. 우리 내외는 잠도 못 자고 한 달 동안 괴로워했는데, 아이들은 내막을 몰라서인지 이 삿짐을 싸고 집을 헐값에 파는 부모의 심정은 아랑곳하지 않았습니다. 이 모든 일이 그저 축제 같았는지, 너무나 행복하고 평안해 보였습니다. 당연히 아무런 고민과 염려가 없어 보였습니다. 그 이유를 나중에야 알았습니다.

'아 나 때문이구나! 아빠인 나를 깊이 신뢰하고 의지하기 때문에 그런 것이로구나!'

아내와 나는 그 교회를 잠시 도왔던 시간을 기억조차 하고 싶지 않습니다. 인생 최악의 순간이었다고 말할 만큼, 우리 기억에서 지우고 싶을 만큼 힘들었습니다. 그러나 아이들은 그랬던 때에도, 이 아빠 때문에 걱정과 근심이 없었다는 것을 깨달은 것입니다.

나는 나보다 큰 능력을 가진 아버지가 계신 것을 잊고 있었습니다. 그 아버지께 무릎을 꿇었습니다. 그리고 마지막이라는 심정으로 울부짖었습니다. 아버지를 신뢰하겠다고 외쳤습니다. 그 후로 다시는 근심하지 않겠다고 고백했고, 그분 앞에 모두 내려놓았습니다.

그리고 보름쯤 지나, 미국에 체류할 수 있는 날이 2주밖에 남지 않은 어느 날이었습니다. 우리 부부는 여전히 매일 짐을 싸면서, 10년 넘게 살아온 미국 생활을 정리하고 있었습니다. 아이들에게 마지막 미국 생활을 느끼게 해주고 싶어서 무언가를 노력하기엔 시간이 너무 빨리 지나가고 있었습니다. 그동안 우리 부부는 누구를 미워할 시간도, 분노할 시간도, 미래를 걱정할 시간도 없었습니다. 이삿짐을 싸고 미국 생활을 정리하기에도 그저 바빴기 때문이었습니다. 그런데 그날 기적이 일어났습니다! 뉴욕의 센트럴교회에서 나를 부교역자로 불러주신 것입니다. 그날 아내와 나는 펑펑 울었습니다.

처음이라 낯선 건 모든 사람이 똑같습니다

인생은 누구에게나 처음이라 모든 게 낯섭니다. 나는 결혼도 처음이라 신혼여행도 실수투성이였습니다. 사회생활을 한번도 해보지 못했던 우리 부부는 제주도로 신혼여행을 갔는데, 물가가 너무 비쌌습니다. 돈이 아까워 하루에 두 끼만 사 먹었습니다. 신라호텔 한식당에서는 김치찌개 1인분이 너무 비싸 겁이 나 1인분만 주문했습니다. 그랬더니 한식당 주인이 밥 한 공기를 더 주었습니다. 돈이 아예 없어서가 아니었습니다. 처음 경험하는 일이라서 그랬습니다. 둘 다 아무것도 몰라서, 아무 계획도 없이 신혼여행을 갔기 때문이었습니다.

아이를 키우면서 최대한 아이들에게 잘하려고 노력했지만, 모든 순간에 아이들에게 부족한 부모였습니다. 미안한 일이 너무나 많습니다. 아이들에게 실수를 많이 했습니다. 처음이라서 그랬습니다.

현실은 이상보다 아팠고 힘들었습니다. 인생은 계획대로 되지 않았습니다. 힘들어서 포기하려 해도 주변의 눈치가 보이고, 대안이 없으면 포기하기조차 어렵다는 것을 나중에야 알았습니다.

시간이 지나면 내가 계획한 모든 일이 성공할 것이라고 예상했습니다. 그러나 나이를 아무리 먹어도 여전히 삶은 힘들고 계획대로 다 이뤄지지는 않습니다. 그러나 살아오면서 겪은 어떤 고난도 결국 나를 막을 수는 없었습니다. 처음에는 길을 찾지 못했지만, 결국 찾았기 때문입니다. 내가 길과 방향을 모두 잃은 것은 아니었습니다. 인생의 모든 곳에 길이 있었던 것인데, 다만 길을 얼른 찾지 못할 때가 많았을 뿐입니다. 모두 처음 가는 길이었기 때문입니다.

난독증을 앓는 이들은 자신이 글자 모양을 구별하지 못한다는 것을 모릅니다. 그저 머리가 나빠서 글을 늦게 깨우친다고 생각합니다. 그래서 자신이 사실 머리는 나쁘지 않지만, 아예 공부는 할 의미와 가치가 없다고 생각해서 공부를 안 하는 것처럼 보이려고 합니다. 이런 이들이 자존감을 잃고서 회복하지 못하면 사회에 적응하지 못한 채로 살아가게 됩니다. 하지만 어떤 난독증 환자도 나름대로 뛰어난 분야가 있습니다. 글자를 깨우치기만 하면 세상의 천재로 돌변할 수도 있습니다. 문제는 난독증 환자들이 글을 알 수 있는 길을 찾지 않고 지레 포기한다는 것입니다.

아인슈타인, 다빈치, 에디슨, 피카소, 디즈니, 안데르센 등에게는 공통점이 있습니다. 그들이 어렸을 때, 뜻밖에 글을 못 읽어 집중력이 없고 학교에서 산만한 학생 취급을 받았다는 겁니다. 학습 능력이 없어 퇴학당하거나 또래에게 왕따당하기도 했습니다. 사람들은 그들을 태도 불량자로 낙인찍기 바빴지, 이해하려 하지 않았습니다.

세상도 우리를 이해하려 하지 않습니다. 처음엔 모든 것이 처음이라 제 능력을 발휘하지 못할 수도 있는데, 처음부터 잘하지 못하면 실력 없고 바보 같다는 낙인을 찍어 버립니다. 그런 다음엔 아무리 애를 써도 머리 나쁜 사람이라고 여길 것입니다.

모든 인생은 처음이기에 경험할 때마다 겁이 날 수밖에 없습니다. 그러니 당신이 지레 실패를 예상하고 낙심을 선택해서 숨을 이유는 없습니다. 인생이 난독증을 앓는 아이처럼 바닥에 떨어져 있다고 생각되어도, 그것은 그저 당신의 인생에서 계절이 바뀌는 과정일 뿐이기에 포기할 이유는 없습니다. 당신은 아인슈타인이 될 수도 있고, 피카소나 월트 디즈니가 될 수도 있고, 다빈치나 안데르센처럼 될 수도 있습니다.

지금 아주 힘든 시간을 보내고 있을지라도, 당신에겐 아버지가 계시니 염려하지도 걱정하지도 마십시오. 힘 좀 내봅시다. 정 힘들어 견디기 힘들면, 아버지 것이지만 마치 내 것인 것처럼, 아버지의 이름이 적힌 천국의 신용카드를 마구 사용하십시오. 땅에서 긁으면 하늘에서 지불될 것입니다.

인생에서 아주 짧은 시간만 행복할지라도

나는 해마다 6월이 오기를 기다립니다. 겨울 동안 눈이 쌓여 들어갈 길이 막혔던 우리 동네 로키마운틴에 길이 열리기 때문입니다. 올해도 6월 초에 높이 4,390미터인 하버드 마운틴 정상에 올랐습니다. 내가 사는 동네에서 가까운 산입니다. 그 높은 산의 정상도 기나긴 겨울잠에서 깨어나 잠깐의 봄을 맞이하고 있었습니다. 그러나 멀리서 보이던 파릇파릇한 기운과 달리, 산 정상의 줄기를 따라 걷다 보니 여전히 하얀 눈이 덮여 있는 돌산의 빙하를 마주하게 됐습니다.

로키산맥은 가는 겨울이 싫은 듯, 6월에도 제법 눈을 간직하고 있었습니다. 연중 무려 9개월의 기나긴 겨울 동안 눈에 덮여 있다가, 눈 밖으로 빼꼼 머리를 들고 봄을 맞이하는 야생화의 시간은 짧습니다. 야생화가 생명을 간직한 채 눈 속에서 기다리다가 꽃을 피우는 시간은 허무하리만치 짧지요. 마치 평생을 춥고 어두운 지하에서 고통과 시련을 견뎌내다가, 마침내 죽기 보름 전쯤부터 햇빛을 보는 자유를 허락받은 죄수 같습니다.

로키산맥의 야생화는 잘해야 겨우 20일간 꽃을 피우고, 겨울이 서둘러 오면 또다시 차가운 어둠 속으로 사라지고 맙니다. 그렇게 짧은 시간이어도 "행복하게 잘 살았다. 잘 견뎌냈다"라고 내게 말하려는 듯, 방긋 웃어주었습니다. 짧은 봄이나마 기대하던 야생화들이 바람에 한들거리며 나를 반겼지만, 며칠만 지나면 그들은 또다시 암울하게도 긴 겨울잠을 자야 합니다. 그곳에서 피는 야생화는 해마다 시련을 뚫고 피는 생명의 꽃입니다.

대개의 인간도 인생에서 아주 짧은 시간만 행복을 맛봅니다. 인생은 대체로 고난과 위기의 세월을 더 많이 맛보지요. 나도 마찬가지입니다. 내 인생에서도 위기와 고난, 상처와 아픔, 상실과 실패가 끊임없이 나를 넘보았고, 어쩌면 지금도 넘보고 있을 것입니다.

특별히 내 인생에는 세 번이나 죽음의 문턱을 넘나든 사고가 있었습니다. 서문의 서두에 예로 든 실패담 말고도, 초라한 엘리야처럼 나를 지치게 만든 실패의 사례는 더 많았습니다. 그럴 때는 세상의 소리에 눌려, 로뎀나무를 찾아가게 만든 위기의 순간들이었지요. 위기는 그렇게 틈만 나면 내 속에 들어와 생명의 빛을 *끄*자고 유혹했습니다. 인생의 긴 선에서 보면 잠깐씩 겪은 위기와 실패의 순간이었지만, 고통스러웠던 절망과 암흑의 기억은 아직 진행형입니다.

주님의 은혜로 내가 그런 절망의 순간을 지나갈 때마다, 다시는 이보다 힘든 고난이 내 인생에 오지 않기를 기대했습니다. 그러나 바람은 늘 빗나갔습니다. 인생의 나이테가 늘어가면서, 인생은 내 마음대로 할 수 없고, 행복만 유지할 수 없다는 것도 배워가고 있습니다.

모든 것을 잃은 것 같을 때, 인생의 밑바닥에 떨어진 것 같은 때에는 미래가 전혀 보이지 않는 답답한 삶이 한동안 계속됩니다. 회색빛 하늘처럼 인생이 흐린 것 같고 비도 자주 옵니다. 하지만 하나님은 비가 개면 맑은 하늘을 변함없이 선사하시듯, 나의 영적 기상도를 다시 맑은 날씨로 유지하게 하십니다.

절망 속에서도 소망의 길을 찾아내는 힘

미안한 말이지만, 당신의 삶에도 실망과 위기는 반드시 찾아올 것입니다. 나 같은 목회자도 종종 위기의 순간이 찾아오면 많이 외롭습니다. 목사는 의외로 이야기할 사람이 많지 않기 때문이지요. 보통은 항상 열려 있는 하늘을 바라보며 기도하고 홀로 분과 슬픔을 삭이면서, 마치 아무 일 없다는 듯 지나갑니다.

내게 찾아온 어떤 힘든 날이 도무지 견디기 힘들면, 나는 불이 꺼진 예배당에서 조용히 찬양을 들으며, 지친 영혼을 내려놓고 무릎을 꿇습니다.

어느 날, 나는 무릎을 꿇고 찬양을 들으며 홀로 예배자가 되어 있었습니다. 그때 나는 얼바인벧엘교회 벧엘 워쉽팀의 '그래서 예수'라는 찬양을 듣고 있었지요. 이 찬양이 나의 마음에 큰 감동과 평안을 주었습니다. 나를 포근히 휘감으며 위로했습니다.

세상의 성공이 내 삶의 신일 때 그들은 내 삶에 절망을 주고
내 맘의 욕심이 내 삶의 신일 때 그들은 내 삶 고단하게 해
내가 주인 되는 메마른 내 삶에 먼저 찾아오신 주님의 은혜
아담으로부터 오늘에 이르도록 애타는 사랑 온 땅 가득해
그래서 예수 이 땅에 보내셨네
저주 아래 우리를 살리려 나무에 달렸네
그래서 예수 나의 기쁨이 되시네
아름다운 주의 이름 영원히 찬양하기 원하네

사역에 지친 내가 이 찬양을 들으며 홀로 예배를 올릴 때, 얼마나 감동하고 회개했는지 모릅니다. 그렇게 한참 예배드리고 일어난 나에게는 절망과 고난 속에서도 소망의 길을 향해 일어나 걸을 힘이 생겼습니다.

인생은 매 순간, 예고 없이 맞게 되는 위기들이 모여 만들어집니다. 내 인생의 역사도 실망과 낙심과 불안과 걱정과 갈등의 기록으로 가득 차 있습니다. 그것들은 맵고 짜고 썼지만, 지나고 보니 내 인생을 더 맛나게 만들어주는 조미료이고 향신료였습니다.

고난과 위기가 조미료와 향신료가 된 과정을 쓴 것이 이 책입니다. 그러니 이 책은 고난과 위기라는 조미료들을 적절하게 다루어 인생이라는 요리를 맛나게 만들 수 있는 레시피인 셈입니다.

인생의 수많은 고난 레시피들은 하나님의 뜻을 알아가며 그분의 뜻대로 살 수 있는 지혜를 줍니다. 그리하여 삶에 진정한 의미를 부여하고 위기를 극복할 수 있는 능력을 갖추게 합니다. 그리하여 인생은 성장할 것입니다. 성장하는 인생은 아름답습니다.

이 책에서 나는 내 삶의 고난 경험과 극복의 레시피를 고백하면서, 거기서 얻은 작은 지혜를 나누려 합니다.

내 이야기를 시작하기 전에 이 말씀부터 드리고 싶습니다.

"당신에게 인생 최고의 순간은 아직 오지 않았습니다. 이 책과 더불어, 당신을 향한 주님의 때가 차고 있음을 발견하는 소망의 시간을 갖기를 바랍니다."

하얀 눈이 덮인 로키산맥에서

임흥섭

차례

1 |||||||| 인생이 바닥을 칠 때 일으키셔서

2 |||||||| 곤란한 시절 지날 때 업고 가셔서

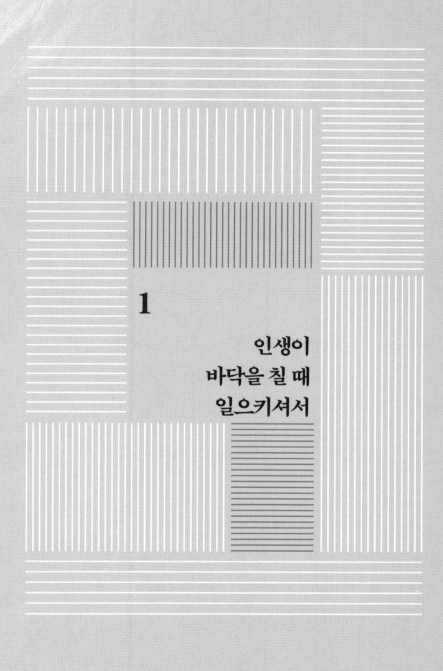

1

인생이
바닥을 칠 때
일으키셔서

1

;

안전지대는 세상 어디에든 없다

'위로'에게 기대세요

2020년 3월 어느 날 저녁, 빨갛게 물들어가는 수평선에서 문득 배 한 척이 나타나더니, 미끄러지듯 항구로 다가오면서 점점 커지고 있었다. 해가 수평선 너머로 가라앉고 노을이 짙어갈수록, 배가 만들어 꼬리처럼 따라오던 물결은 끝자락부터 어두워지는 바닷속으로 빠져들고 있었다. '위로'The Comfort라는 이름을 가진 미 해군 병원선이 뉴욕 항구로 들어오는 풍경이었다. 풍경은 배의 이름 그대로 위로가 됐다.

그날 미 해군 소속 병원선들은 뉴욕NY과 로스앤젤레스LA에 투입되고 있었다. 로스앤젤레스 항구에 들어간 배는 '자비'The Mercy였다. 큰 도시들조차 코로나 치료 병상이 부족해졌기 때문이었다. 어느 때보다 자비가 필요한 세상이 됐다.

병원선 '위로'의 갑판에는 스티비 원더Stevie Wonder의 '내게 기대세요'Lean On Me라는 노래가 들려오고 있었다.

Sometimes in our lives, we all have pain,
We all have sorrow.
But if we are wise,
We know that there's always tomorrow.
Lean on me, when you're not strong
And I'll be your friend.
I'll help you carry on.

때때로 삶에서, 우리는 모두 고통을 겪습니다.
우리 모두 슬픔이 있습니다.
하지만 우리가 현명하다면,
우리는 항상 내일이 있다는 것을 압니다.
내게 기대보세요.
당신이 강하지 않을 때,
나는 당신의 친구가 될 것입니다.
나는 당신을 계속 도울 것입니다.

미국은 코로나바이러스로, 2021년 2월 기준으로 월평균 12만 명이 감염되고 있었다. 한때는 매일 4천 명 넘게 죽기도 했다. 2월부터 백신이 보급되기 시작했지만, 전 국민의 삶의 모양은 이미 바뀌었다. 델타와 람다 등으로 변종이 되어가는 바이러스는 전 세계에서 하루에도 수만 명에게 감염되고 있다. 세계인이 집단 면역에 들어가기까지, '앞으로 최소 1년은 더 걸릴 것'이라는 불행한 예견은 이미 예견도 아니다. 변형된 바이러스의 전염이 기존의 백신 체계를 무너뜨려 모든 것이 혼란스럽기만 하다. 우리는 과거가 한 번도 걸어보지 못한 불확실한 미래의 길을 지금 걷고 있으며, 새로운 일상new normal이 그냥 일상old normal이 된 사회를 살게 되었다.

모든 것이 불확실한 시절이다. 세계가 같은 고통과 상실을 경험하는 '우울한 위기의 시대'이다. 나라마다 가계 빚이 늘고 있어서 불안한 조짐은 슬프도록 명확해 보인다. 도시들은 마비되었고 어수선하다. 여기저기에서 구슬픈 탄식과 처절한 외침이 들려온다. 일자리는 줄어들어 서민의 생계는 날마다 힘들어지고 있다. 삶의 터전을 갑자기 잃은 사람이 생기고, 먹을 것조차 없는 이들까지 생겼다. 대학에 진학하지 못한 학생은 언제나 있지만, 다행히 진학했어도 캠퍼스에는 가보지도 못했다. 대학 강의조차 온라인 비대면이 대세인 탓이다. 졸업해도 취업이 어려워졌고, 흔했던 아르바이트 자리도 줄어들었다.

수많은 이들이 인생의 바닥을 치고 있다. 전 세계 어느 곳도 안전하지 않다. 모든 인생이 위기에 노출된 이 시대는 위험하다. 사실 인생은 어느 한순간도 안전하지 않았다. 인생이 다 그렇다.

불현듯 위기를 당한다면

나는 고등학교를 졸업한 후부터 지금까지, 생명을 잃을 뻔한 사고를 세 번이나 경험했다. 다행히 모두 죽음의 위기는 넘겼다. 다만 지금도 다리에 힘을 갑자기 주면 허벅지 뒤의 근육이 약간 아프다. 대학생 때 당한 교통사고 때문이다. 첫 번째였던 그 사고에서 부러진 뼈와 파열된 근육과 손상된 힘줄의 상흔 때문에, 중년에 불과한 내 몸은 기상청 예보도 없이 기후 변화를 미리 알 수 있다.

그 사고는 내가 영적으로 방황하던 때 일어났다. 방황하는 나를 안타깝게 보신 분의 소개로, 나는 사랑의교회 청년부에 발을 들여놓았다. 사랑의교회에서 옥한흠 목사님께 직접 제자훈련을 받기 시작했으나, 영적 기상도는 여전히 최악이었다. 때늦은 사춘기의 반항이었을까?

고등학교를 졸업하고 대학에 들어가면서 영적 반항은 더 심해져, 주말에 주일을 끼고서 대학 동아리 연합의 MT에 간 일이 있었다. 신나게 놀아보려 했지만, '거룩한 부담감'이 마음속에서 나를 괴롭혔다.

괴로운 토요일 밤을 보내고 산에서 내려오던 주일 오전에, 나는 교통사고를 당했다. 응급실에 실려 갔을 때, 내 귀에 들려온 의사의 이 한마디가 나를 놀라게 했다.

"다시 구기 운동은 할 수 없을 것 같은데…."

뼈는 다시 붙으면 되니 괜찮은데, 신경 파손이 의심된다는 말이었다.

그 후 나는 한동안 철로 만든 보조기를 몸에 붙이고, 아버지 등에 업혀 강의실을 다니는 신세로 전락했다. 상상하지 못한 일인데, 불과 하루 만에 찾아온 절망과 위기였다.

다행히 사고가 난 지 6개월 뒤부터는 차츰 보조장비 없이 혼자 걸을 수는 있게 되었다. 지금은 비록 강한 운동은 할 수 없지만, 지금까지 사는 데 별 지장은 없어서 다행이다. 다만, 사고 당시에 '중도장애인이 될 가능성'을 진단받았던 순간은 악몽 같아서 잊을 수 없다. 그때에 비하면, 지금의 불편은 당연히 아무것도 아니다. 중도장애를 면해서일까? 나는 중도장애를 얻은 분들이 당하고 있을 고통과 실의 등을 생각할 때마다, 인생에 빚진 자 같아서 항상 마음이 무겁다.

그 사고는 나의 영적 방황에 종지부를 찍는 전환점이 되었다. 어려서 성경을 읽었을 때, 기적은 불확실한 이야기일 수 있다고 의심했던 내가 하나님의 기적을 확신하게 되었다. 내 뼈가 아무는 걸 보면서, 나는 에스겔서의 환상 이야기에서 나오는 '뼈들이 붙는 기적'을 믿게 되었다. 부서진 다리뼈가 다시 붙고, 근육에 힘이 돋고 신경이 살아난 것은 하나님께서 베푸신 기적이며, 그분이 내 생명까지 살리셨음을 믿게 된 것이다. 무엇보다 하나님이 내 삶의 주인이심을 확실히 고백하게 되었다.

어릴 때의 나는 살면서 육체적으로나 영적으로나, 어떤 위기도 겪지 않을 줄 알았다. 덤프트럭이 나를 덮치기 직전까지는, 사고로 위기를 만나는 일은 그저 남의 이야기라고만 생각했다. 하지만 위기에는 언제 어디서든, 누구를 막론하고 노출돼 있다는 것을 깨닫게 되었다. 모든 사람이 위기로부터 안전하지 않다는 것을 생각해보면, 그저 살아 있다는 것 자체는 누구에게나 기적이고 은혜이다.

왜 나에게만 이런 일이?

우리는 행복을 기대하고 살아오던 일상이 사고나 병 같은 위기로 멈춰버릴 때, 안전하리라고 믿었던 삶이 흔들릴 때 위기를 느낀다. 그래서 누구나 위기를 원치 않는다. 위기를 바랄 사람은 아무도 없다. 그러나 누가 살고 싶은 대로만 살 수 있겠는가.

혹시라도, '사고가 왜 나에게만 났을까?'라는 질문은 생략하자. 하나님은 욥에게 그러셨듯이, 주권자의 계획에 따라 나에게 필요한 것을 주시며, 때가 되면 주기도 하시고 빼앗기도 하신다. 호흡하도록 생명을 주신 분도, 호흡을 멈추고 생명을 거두시는 분도 모두 동일(同一)한 주님이 아니신가.

우리 중 누구도 자기 삶에서 안전한 시간이 언제인지 모른다. 안전한 장소가 어디인지도 물론 모른다. 불현듯 위기가 닥치는 걸 겪어본 사람이라면, 지금이 아무 일 없을 때이고, 여기가 안전한 장소라고 굳이 확신하려 들지 않을 것이다. 늘 두려워서다. 하지만 언제 어디서나 위기가 닥칠 것을 염려한다면 과연 어떻게 살겠는가? 다만 주님의 계획을 신뢰하며, 언제 어디서든 최선을 다하며 살아갈 뿐이다. 그러나 우리는 과연 어떻게, 항상 그렇게 살 수 있을까?

내가 안전한 시간이라고 생각하던 청년의 때에, 사고로 내 한쪽 다리에 감각이 돌아오지 않던 그 짧은 시간 동안에, 나는 너무나 두려웠기에 절망했다. 하나님의 사랑을 기억하는 대신, 하나님에 대한 불신이 내 마음속에 쑥 들어왔다.

사고 이후, 복잡한 감정의 높은 파도가 내 마음의 바다에 일었다. 내게 쌓여 있던 삶의 열등감의 모든 평계를 그 사고에 투사해 버렸다. '쓸모없는 다리… 쓸모없는 인생… 실패자의 인생…. 내 인생은 왜 이렇게 되는 게 없나? 마음대로 되는 게 하나도 없구나. 내게도 얼마든지, 욥이 당한 것처럼 예측하지 못하고 죽고 싶을 만큼의 위기가 파도처럼 연이어 올 수도 있겠구나'라고 생각했다. 인생이 갑자기 두려워졌다.

내 인생이 그래서 바닥에 떨어졌을 때, 주님은 당시 둘로스Doulos 선교선에서 오엠선교회 소속 선교사로 사역하시던 유호순 선교사님을 내게 보내주셨다.

"형제, 중도장애인이 될까 봐 걱정돼요?"

"네…, 솔직히… 많이 걱정돼요."

"그랬군요. 힘들겠네요."

유 선교사님은 잠시 나를 보더니, 이런 말을 이어가셨다.

"형제, 많이 걱정되면 아예 그 다리를 주님께 드리세요. 책임지시라고, 그리고 주님이 책임져주실 줄을 믿어봅시다."

신기하게도, 무모한 것 같은 그 선교사님의 믿음에 의외로 신뢰가 갔다. 그전까지 하나님의 존재까지 믿어지지 않아 흔들리고 있던 나에게 무슨 일이 일어났는지 몰라도, 그 순간에 하나님이 내 삶의 주관자이시라는 확신이 불쑥 들었다. 유 선교사님은 그보다 더한 제안을 하셨다.

"형제, 나와 같이 둘로스 선교선 타고 전 세계로 선교 갑시다."

"선교를요? 이 다리를 하고서요?"

"응, 그게 믿음이겠지요. 아무도 안 믿는 하나님의 능력을 믿는 믿음! 사람들이 허무맹랑하다고 생각하는 것도 주님은 이루시거든. 어차피 못 걷는다면서…? 만약 선교 가서 걷게 되면 기적이고, 못 걷게 돼도 하나님을 위해 희생했으니 값진 일이고, 그러니 밑져야 본전인데, 그렇게 해봅시다."

그 분의 말이 나의 마음을 움직였다. 맞는 말 같았다.

"그러네요! 밑져야 본전!"

드릴 것이 없을 때 드리고, 드릴 수 없을 때 드리는 것이 진정한 믿음이라는 생각이 불쑥 들었다. '진짜 믿음 있는 자가 한번 되어보자!' 라는 생각마저 들었다. 나는 대답했다.

"이 다리로 선교 가자는 거죠? 그러죠. 선교사님, 우리 선교 가요!"

믿음을 시험하는 목적으로 선교를 하러 가기로 한 후, 나는 옥한흠 목사님께 사고 전과는 달리 성실하게 제자훈련을 받으며 선교를 준비했다.

1989년, 나는 다리가 완전히 낫지 않은 상태로 깁스를 하고 네덜란드 데브론으로 갔다. 모든 오엠 선교사들은 처음엔 이곳에 모여 선교사 전략회의를 거쳐 배정받은 소속 팀으로 옮겨간다. 나는 당시 소련 선교팀이었던 'The Greater Europe Team'으로 가게 되었다. 그리고 몇 년이 삽시간처럼 흘렀다.

내 삶에 위기와 고난이 있는 이유

숨 좀 돌리고 보니, 나는 어느새 중견의 선교사가 되어 모스크바 감옥에서 일상이 되어버린 고문을 당하고 있었다. 적잖은 충격이 몰려왔다. 선교사가 되면 은혜가 충만하여 고난을 덮을 것이라고 믿었는데, 절망과 고단함은 여전히 나를 떠나지 않고 있었다. 하지만 그곳에서 내가 궁금했던 질문에 대한 답은 얻을 수 있었다.

"왜 너에게만 견디기 힘든 고난을 주느냐고 투정했지? 홍섭아, 내가 너를 원하기 때문이란다. 네가 거기 있는 이유, 네 삶에 위기와 고난이 있는 이유는 내가 너를 사랑하기 때문이란다. 내가 너를 불렀기 때문이야."

주님이 말씀하신 것이다. 사람의 말이라 치면, 내가 인정받는 것 같은 기분 좋은 말투였다. 주님은 더욱 편안한 목소리로 확실하게, 이 말씀을 주셨다.

"이 세상 어디에도 나 없이는 안전한 곳은 없단다. 네가 어디 있든지, 내가 너와 함께 있는 곳이면 안전하다는 것을 알게 해주려고 너를 이곳으로 불렀다. 그러니 두려워하지 마라!"

내가 겪는 위기의 때가 '평안한 시간'이며 고난의 장소가 '안전지대'이기에, 나를 이때에 이곳으로 불렀으니 두려워하지 말라고 하신 말씀에, 그동안의 공포와 피로가 동틀 때의 안개처럼 사라졌다. 나는 고문을 당하는 순간에도, 주님의 음성을 듣고서 두려움을 견딜 수 있었다.

2

;

위기와 기적은 동시에 찾아온다

차는 10여 미터 아래로 떨어졌다

엄마는 한 살 된 아기와 아빠가 모처럼 부자의 정을 나누는 모습을 보고 행복을 느끼며 운전하고 있었다. 엄마가 필라델피아 근교 고속도로의 고가도로를 달리고 있을 때였다. 그 10여 미터 아래는 또다른 고속도로였다. 자동차가 교차로를 지나갈 무렵, 갑자기 장례용 차량이 끼어들었다. 엄마는 그 차를 피하려고 급히 핸들을 꺾어야 했고, 일가족을 태운 차는 비틀거리다 그만 보호벽을 들이받고 길을 벗어났다. 차는 10여 미터 아래로 떨어지고 말았다. 달려오던 차들이 급브레이크를 밟아야 했다. 고속도로 교차로의 고가에서 차량이 떨어졌으니, 그런 날벼락을 상상이나 했겠는가?

　엄청난 자동차 사고였다. 떨어진 차 안의 승객들 상태는 위급해 보였다. 하늘에는 언제 왔는지 헬리콥터가 두 대나 떠 있었다. 고속도로는 양쪽 모두 경찰차와 앰뷸런스와 소방차로 금세 뒤엉켜 완전히 막히고 말았다. 거의 3시간이나 주차장이 되었다. 그 틈을 타고 달려온 방송국 취재진이 불과 연기가 피어오르는 현장의 참혹한 상황을 중계했다. 헬리콥터도 취재용이었던 것 같다. 차가 그렇게 떨어져 바로 폭발했다면, 차에 탔던 사람들은 아마 모두 죽었을 거다. 그나마 다행인 것은 아기가 무사했고, 운전했던 엄마와 아기를 붙들고 있었던 아빠의 생명은 건졌다는 것이다. 다만 중태였다. 나는 며칠이 지나고서야 그 교통사고 현장의 이야기를 들을 수 있었다.

구조대가 도착했을 때, 사고 난 자동차는 앞 범퍼가 완전히 부서지고 엔진룸에서 연기가 나고 있었다고 한다. 구조대의 눈에 운전자인 엄마와 뒤에 타고 있던 아빠와 아기가 얼른 보이지 않았다. 거꾸로 떨어질 때 천정이 찌그러져, 차체에 눌려 움직일 수 없었기 때문이다. 얼굴과 몸은 유리 파편이 박혀 피범벅이 되었다. 다행히 불이 나지 않았기에 망정이지, 불이 붙었다면 목숨을 부지하지 못했을 것이다. 모두 죽었을 거라는 추측을 깨고, 일가족은 구출 받고 생명을 구했다.

오른쪽 뒷창문으로 15에서 20센티미터 정도 틈이 생겼는데, 한뼘보다 조금 크게 생긴 그 좁은 틈 사이로 아빠는 최선을 다해 아기를 먼저 밀어내 구할 수 있었다. 아이 옆에 앉아 있던 아빠의 하반신은 차체에 눌려 움직이지 못했지만, 안간힘을 써서 팔을 움직여 카시트 속의 아기를 꺼냈고, 필사적으로 밀어낸 것이다. 그래서 경찰과 구조대가 도착했을 때 몸이 눌린 엄마와 아빠는 차 안에 갇혀 있었고, 아기만

차 밖에 나와 있었다. 아빠는 사력을 다해 아기를 빼낸 후에도, 아기가 혼자 도로를 걷다가 2차 사고가 날까 걱정되었는지, 팔을 차 밖으로 내밀어 아이의 손을 꼭 잡은 채로 의식을 잃은 상태였다고 한다. 다행히 아이는 아빠 손을 잡은 채 앉아 있었다.

이 사고로 엄마는 목의 경추가 세 군데나 부러져 목을 움직일 수 없게 돼, 무려 1년간이나 병상에서 꼼짝할 수 없었다. 아빠는 갈비뼈 세 개가 부러지고 허리 디스크를 다쳐 6개월간 병원 생활을 했고, 그 뒤 수년간 하반신과 허리의 고통 때문에 고생했다.

감사하게도 엄마는 사고 이후에 정밀검사를 하는 가운데 난소에서 주먹보다 큰 종양을 발견할 수 있었다. 사고가 아니었으면 그렇게 큰 종양이 있는 줄을 몰랐을 것이다. 자칫 난소암으로 발전될 가능성도 있었다고 한다. 하나님의 오묘하신 계획이었다. 결국, 그 큰 사고조차 그들에겐 은혜였다. 엄마의 생명을 연장해주시려고, 사고로 인해 악성으로 갈 뻔한 종양을 발견하게 해주신 것이다. 하지만 엄마는 부러진 경추가 붙기까지 종양 제거 수술을 받을 수 없었다. 고개를 뒤로 젖힐 수 없어서, 입에 마취 튜브를 넣을 수 없었기 때문이다.

은혜 위의 은혜를 체험하다

그들은 또다시 기적을 바라야 했다. 수술받을 수 있기까지, 종양이 발견될 당시의 주먹 크기에서 더 자라지 않기를 기도해야 했다. 다행히 1년이 지나 엄마의 경추가 수술받을 수 있을 정도로 붙었다고 판단되어 종양 제거 수술을 받을 수 있었다. 기도하고 바란 대로, 다행히 악성 전 단계의 종양이 1년 동안 더 자라지 않고 터지지도 않았다. 은혜였다. 수술을 집도한 펜실베이니아 주립대학병원의 주치의는 수술하기 전에 아빠에게 기도를 부탁할 정도로 신앙이 좋은 의사였다. 의사는 하나님을 의지하며 종양 제거 수술을 완벽하게 마칠 수 있었다.

그 엄마와 아빠의 전신은 사고 당시 유리 파편이 박혀 상처투성이였는데, 지금은 그 부부의 얼굴과 몸에서 유리 조각의 흔적은 거의 찾아볼 수 없다. 이 부부는 그 사고가 난 순간부터 거의 2년 동안 고통스러운 시간을 보내야 했지만, 날마다 기적을 체험했다.

이렇게 엄청난 위기를 경험한 주인공은 다름 아닌 우리 가정이다. 목숨을 잃을 뻔한 나의 세 번째 위기이자 큰 자동차 사고였다. 한 사람의 인생에서 한 번도 두 번도 아니고, 무려 세 번이나 생명을 잃을 뻔한 사고를 겪고도 살아난 것은 정말 은혜 위의 은혜였다. 잠시나마 하반신 마비가 찾아왔을 때는 젊어서 자동차 사고를 당했을 때보다 큰 두려움을 느꼈지만, 생명을 보전해주신 것에 만족할 수 있었다.

우리 부부는 차가 흔들리던 순간에도 자동차가 고가도로 보호벽에 부딪히면 멈춰 설 줄 알았다. 그 벽을 넘어 고가도로 밑으로 떨어질 줄은 상상도 하지 못했다. 다행히 살아 있었기에, 이 사고는 위기인 동시에 기적을 체험한 것이다. 내가 갈비뼈가 부러졌음에도 불구하고 몸을 틀어 카시트에서 아기를 꺼내 먼저 구한 것도 슈퍼맨이 한 것 같은 기적이었다. 이를 통해 하나님 아버지가, 예수님이 십자가에 돌아가시면서까지 나를 구하신 그 사랑을 체험할 수 있었다. 모든 게 하나님의 예비하심이었고, 주님이 나를 얼마나 필요로 하시는지, 그리고 어떤 삶을 살아야 하는지 알게 한 사고였다. 그러니 감사가 넘치는 사고 였음이 틀림없다.

사고는 위기이며 기적이었다

자동차가 고가도로 보호벽을 들이박고 뛰어넘어 건물 3층 높이 아래 의 고속도로로 떨어져 엔진이 터지고 차체에 몸이 눌리는 사고를 당 한 그 순간에도, 우리는 의식을 잃기 전까지 서로를 격려했다.

"여보, 사랑해요."

하지만 상황이 조금 안정되었다 싶어서였는지, 너무 놀라고 기가 막혀서 그랬는지, 우리는 침묵하기 시작했다. 그리고 의식을 잃었다. 사흘이 지나도 우리 내외는 깨어나지 못했다. 나흘째 되던 날에 아내 가 먼저 혼수상태에서 깨어났고, 나는 그 다음날 깨어났다.

사고 후 6개월이 지났을 때쯤, 하나님은 아내가 침대에서 일어날 수 있게 해주셨다. 나에겐 나사로가 죽음에서 살아난 기적보다 더 큰 기적으로 다가왔다. 나도 어느 정도 다리에 감각이 돌아오기 시작했 고, 굴러가는 지지대를 의지해서 간신히 걷기 시작했다. 우리 아이는 사고 후유증으로 소리 트라우마가 생겨 주변이 시끄러우면 적응을 못 하는 장애를 한동안 앓았다.

아내는 침대에서 일어난 후에도 목과 허리에 깁스를 하고 있어서 자신과 주변을 보지 못하고 움직이지도 못했다. 아내가 옷을 갈아입 을 때는 내가 도와주고, 내가 양말과 바지를 입을 때 힘들어하면 아내 가 손을 뻗어 도와주었다. 얼마나 우스꽝스러운 장면이었을까. 하지만 우리는 우스꽝스러워도 서로가 소중했고, 그 순간을 감사했다. 생명을 주신 것만 생각하면 내 다리가 마비되어 힘들어도, 아내가 목을 움직이지 못해도 감사할 뿐이었다.

사고 당시 방송 속보를 보고 사고 현장으로 달려온 교회 교인들은 그날 이후로 우리 가정을 번갈아 가며 돌봐주었다. 특히 권사님들과 내가 섬기는 학생부서의 부장 집사님 부부와 교사들은 거의 매일 우리집을 방문했다. 청소하고 아기를 돌봐주고, 냉장고를 채워주고 식사까지 챙겨주는 등, 우리의 손과 발이 되어 모든 일을 대신해주었다.

사고를 당하고 마지막처럼 말했던 "여보 사랑해, 고마웠어!"라는 고백을 잊을 수 없다. 곧 죽을 줄 알고, 그때가 결혼하고서 2년쯤 지났을 때여서, 비록 2년밖에 함께 살지 못했지만 나를 배우자로 선택해준 아내가 너무나 고마웠다. 훗날 내가 이 이야기를 고 손인식 목사님(얼바인 벧엘교회 원로)과 함께한 부부 수련회에서 간증한 적이 있다. 그때 손 목사님은 수십 분 동안이나 함께 우셨다.

며칠 만에 의식을 회복했을 때, 정말 천국에 와 있는 줄 알았다. 그때 내 옆에는 지금 할렐루야교회 담임이시고 당시에는 나의 담임목사님이셨던 김승욱 목사님이 내 손을 잡고 계셨다. 내가 눈을 뜬 것을 확인하시더니, 처음 하신 말이 이것이었다.

"임 목사님, 사모님과 재환이 살아 있어요."

그 말을 듣는 순간 눈물이 왈칵 터졌다.

"사모님이 먼저 깨어났어요. 옆방에서 목사님이 깨어나길 기다려요. 전화 연결해줄게요."

이것이 두 번째로 하신 말이었다. 목사님은 내가 간절히 원하던 것을 알고 계셨다. 그때 내가 가장 궁금한 것은 아내와 아이 소식이었으니까, 그 말씀이 얼마나 큰 위로였는지 모른다.

목사님이 나와 아내를 전화로 연결해주셨다. 옆방에는 김 목사님의 사모님이 전화기를 내 아내의 귀에 대주셨고, 목사님은 내 귀에 전화기를 대주셨다.

"여보…."

이 한마디를 한 다음 더 말을 하지 못하고, 서로 눈물만 한참 흘렸다. 흐느끼는 소리만 서로 들었다.

나는 가면 쓴 사람이었다

아주 멋진 어느 날, 우리 부부가 탄 자동차가 하늘로 훌쩍 날아올라 갔다가 땅에 떨어진 뒤로, 우리 부부는 인생이 바뀌었다. 엄청난 위기를 맞이했지만, 그날은 우리에게 기적의 날이기도 했다.

경추가 부러진 아내는 하반신의 감각이 금세 살아나지 않았다. 보통 사람 같았으면 분명 중도장애인이 되는 상황이었지만, 주님은 긍휼을 베푸셔서 일어서게 하셨다. 그래도 소명을 받은 사역자라고….

그 사고는 우리 가정의 가장 큰 위기였다. 얼마나 두려웠는지, 어떤 말로나 글로도 다 표현할 수 없다. 살아서 감사했지만, 두려움이 밀려왔던 순간은 잊을 수도, 부정할 수도 없다.

폭음을 듣고 충격을 느끼며, 하얀 연기가 차 안으로 들어오는 걸 보았을 때, 죽음이 눈앞에 온 것 같았다. 죽음 앞에 서면 불과 몇 초 사이에 인생의 기억이 파노라마처럼 펼쳐진다는 말을 듣기만 했는데, 그런 순간이 내게도 왔다. 그런데 그 순간에, 내가 잘한 일보다 더럽고 추한 죄, 다른 사람에게 상처 준 일, 잘못한 일, 실족하게 만든 일, 잘못 해준 일, 미워한 일, 시기한 일, 질투한 일, 교만한 일, 거짓말한 일, 유익을 위해 계산적으로 헌신하는 척한 일들이 주마등처럼 지나갔다. 가장 큰 인생 위기의 순간에, 왜 나에게 이런 위기를 주시느냐고 따지고 투정하고 싶은 순간에, 나는 냄새나는 나의 죄를 마주한 것이다. 상당히 충격적인 순간이었다. 그 순간에, 이 말씀이 내 머리를 떠나지 않았다.

너는 내일 일을 자랑하지 말라 하루 동안에 무슨 일이 일어날지 네가 알 수 없음이니라 _약 4:13-14

나는 의롭게 살았다고 생각했다. 그러나 알고 보니, 나는 말로 할 수 없이 추악한 가면을 쓴 사람이었다.

사람들은 내가 당한 것 같은 위기와 기적을 뉴스에서 종종 접한다. 그런 기적이 남에게만 일어나는 일인 줄 착각한다. 하지만 보통은 너무도 많은 소소한 기적들이 우리 모두의 삶 주변에서 일어나고 있음을 잊고서 산다. 그런 체험은 주님이 한순간도 우리를 떠나지 않으신다는 소소한 증거다.

누구나 겪는 위기일 수 있지만, 위기 속에 베푸시는 주님의 기적을 놓치지 말고 기억하자. 그분이 당신의 위기를 생명의 기적으로 만드시는, 인생의 게임 체인저game changer가 되시는 것을 경험할 것이다.

덤으로 사는 인생의 다짐

인간은 병이나 사고 같은 비극을 갑자기 가져다줄지도 모르는 내일을 생각 못 하고 산다. 삶이 편안하면 보통은 생사화복을 주관하는 분이 주님이심을 어느 순간에 잊고서 자기 멋대로 살다가 위기를 맞는다. 내일이 없다고 생각하면, 자신이 지은 죄가 생각날 때마다 두렵고 괴로울 뿐이다.

'주님을 곧 뵐 텐데, 나는 부끄럽지 않은가? 지금이 상처와 위기를 생각할 여유가 있을 때인가?'

이 정도의 질문은 한 번쯤 신중하게 해보는 시간이 필요할 것이다.

나는 인생의 위기로 인해 진정한 사명자의 격과 결, 즉 모습과 태도가 무엇이어야 하는지를 찾게 되었다. 그때 경험한 차 사고는 나의 목회 방향과 삶의 격과 결까지 바꿔 놓았다. 주님 앞에서 살아가는 사명자로서, 거룩을 위한 격과 결이 오롯이 삶 속에 남아 있도록 사는 길과 방법을 깨닫게 된 것이다. 복음에는 담대하고 삶에는 겸손한 것이 사명자의 격과 결이었다.

죄 많은 우리는 누구나 덤으로 사는 인생을 살고 있다. 지금 누리는 생명과 오늘은 누구에게나 덤으로 주어진 제2의 인생이다. 인생의 위기들은 덤으로 얻은 인생을 위한 응원가 같은 것이었다. 주님의 응원과 구원하시는 기적 없이 사는 이는 아무도 없다.

덤으로 사는 사람에게는 삶의 패색이 짙었던 전반전의 위기는 별 의미 없고 실망스러운 일도 아니다. 다만 추가된 기회로서, 후반전 경기를 치를 기회를 부여받았다는 것은 의미가 크다. 하나님이 주시는 후반전, 내일은 반드시 온다. 이번에는 후회 없이, 최선을 다해서 살아보아야 하지 않겠는가?

3

;

고난을 마주하는 자세와 극복의 지혜

주님이 계셔야 안전하다

대학생 때 겪은 나의 첫 번째 위기는 나를 향한 주님의 '부르심'이 되었다. '좋은 대학'도 못 가서 실패자인 줄로 착각하고 실의와 열등감에 빠져, 영적으로 방황하며 하루하루를 견디고 있던 나를 주님이 기억하고 부르셨다고 하시니, 나는 더없이 행복했다.

사도 바울은 고린도전서 2장 3절에서, 자신이 연약한 존재라서 걱정했다고 말했다. 그의 외모가 부끄러웠는지, 뭐가 부끄러워 그랬는지 정확히는 모른다. 어쨌든 내 상황이 바로 그랬다. 나는 늘 나 자신을 연약하고 부족하다고 생각했기에 기쁨 없이 살았다.

신약시대 갈라디아교회의 교인들은 원래 이방인이었다. 하나님 밖에 있던 사람들로서 기쁨이 없던 자, 두려움 속에서 살던 자, 소외당한 자, 상처받은 자, 낙심한 자들이었다. 그런 그들이 복음을 듣고 구원을 받고 나자 기쁨이 충만해졌고, 죽으면서도 미소를 지을 수 있는 담대함과 평안이 생겼다. 그들에게 두려움이 사라졌던 것이다. 복음이 그들에게 안전지대였기 때문이다.

주님은 나를 갈라디아 사람들 못지않게 너무도 사랑하셔서, 위험한 죄와 유혹으로부터 진정한 안전지대로 구원하시고자 나를 부르시며, 위기 속에서 '부르심의 확신'을 주셨다. 그래서 내 삶의 끝, 혹은 삶이 멈추고 모든 걸 잃어버린 것 같은 위기의 시간조차 의미없거나 잃어버린 시간이 아니었다.

그러나 아픔이 곧 지나가리라 믿고 초연히 이기는 사람은 드문 것 같다. 누구든지 시련을 경험하기 때문이고, 위기가 연거푸 밀려오면 견디기 힘들 만큼의 고난 또한 올 것을 경험으로 알기 때문이다.

고난을 당하면 사람은 많은 것을 잃는다. 사랑하는 이를 갑자기 하늘나라로 먼저 이민 보내야 하는 슬픈 장면을 마주하기도 하고, 어떤 이는 잘 보이던 눈에서 빛을 잃기도 한다. 인생의 위기는 그렇게 상실감을 데리고 온다. 그래서 얻는 트라우마는 웬만해서 잊히지 않는다. 마음이 항상 평안한 안전지대는 세상과 인생에 없다.

아픔은 시련을 겪은 모든 이들의 기억에서 영원히 지워지지 않을 것 같다. 고통은 참을 수 없을 것 같고, 이겨낼 수 없을 것 같다. 그런데 우리가 기억해야 할 것이 있다. 비록 어둡고 두려워도, 사람들은 '아픈 시간의 터널'을 결국 지난다는, 아니 지나가야만 한다는 것이다. 그 시간을 혼자 견디고서 지나가기는 사실 힘들다. 불안의 연속이기 때문이다. 그러나 주님이신 예수님이 우리와 함께 계시면, 고난의 자리도 안전지대가 된다. 우리는 주님이 계셔야 안전하다.

누구에게나 복음이 없으면 아무리 특수부대 군인이 나를 지켜주는 곳이라 해도 안전지대가 아니며, 지켜주는 이 한 명도 없는 곳에서 살아도 복음을 알고 주님이 함께하시면, 그곳이 안전지대다. 그리스도와 동행하면 내가 밟는 어느 땅이든 안전한 장소가 되며, 그 시간은 평안하다.

위기와 고난의 터널을 지나가기란 물론 어렵다. 그러나 그 길이 남긴 트라우마가 사라지지 않을 거라고 걱정하지는 말자. 남은 상처가 도리어 주님만이 안전지대이심을 기억하게 만드는 주님의 증표인 것을 상기하자.

작은 소망의 햇살이 비취는 곳

살다 보면, 위기 같아 보이지만 별 위기가 아닌 것도 있다. 사람마다 체감하는 고통의 강도는 각각 다르게 느껴지기에, 어떤 이에겐 작은 위기도 큰 고난이 될 수 있다. 반대로 보통은 큰 고난으로 여겨지는 일도 어떤 이에겐 별 고통이 아닐 수 있다. 다만 일반적으로 확실한 것은, 주님을 만나지 않은 자는 키가 커도 눈이 작으면 불행하다고 느낄 수 있고, 부요해도 가난하다고 생각할 수 있을 것이다.

내가 네 살 때쯤, 경신고등학교로 넘어가는 성북동 도로에서 자전거 뒤에 타고 있다가, 그만 자동차에 부딪히는 사고를 당한 적이 있다. 넘어질 때 자전거 바큇살에 어린 나의 발이 끼면서 열상을 입어, 나는 왼쪽 발꿈치가 없다. 오늘 처음으로 내 비밀을 밝힌다. 하지만 아무도 내가 장애인이라는 사실을 모른다. 나도 내가 장애인이라고 생각하지 않을 정도로 큰 불편은 없기 때문이다. 어떤 신발을 사든 왼쪽이 크게 느껴지는 것 외에는 일상생활에 별문제가 없다. 오로지 나만 잘린 내 뒤꿈치를 볼 뿐이다. 누가 보더라도 장애 같은데, 군대에 현역으로 가지 못한 사유가 됐을 뿐, 실제로는 장애라고 느끼지 않는다.

세상은 안전한 곳이 아니지만, 알고 보면 자그마한 소망의 햇살이 항상 나를 비추고 있는 곳이다. 작고 흐려 보이지만 사실은 큰 빛, 우리 주님의 보호하심과 간섭하심이 있기 때문이다. 그 빛이 우리에게 비칠 때, 위기 가득한 이 세상에서도 가슴 저리게 찬란한 인생을 살 수 있다. 장애 같지만, 장애가 아닌 것처럼 살 수도 있다.

어쨌든 인생은 또 위기를 만날 수 있다. 인생을 살다가 위험에 빠질 경우, 주변에 부모와 지인이 있음에도 불구하고 아무 도움도 받을 수 없는 상황이 생길 수도 있다. 어디서도 도움을 받을 수 없는 위기를 당하면 머릿속이 하얗게 변할 것이다. 그 순간에 얼마나 겁이 나겠는가!

세상 어떤 곳에서 언제 무슨 위기가 닥쳐올지 미리 알 사람은 아무도 없다. 당신이 살아가는 곳이 다 안전할 거라고 믿고 싶지만, 안전하지 않음을 수도 없이 경험한다.

내가 초등학교 2학년 때쯤이었다. 가족이 남해로 여행을 갔다. 우리 가족은 바다에서 유람선을 타고 한려수도에 있는 바위섬들을 구경하고 있었다. 당시 한국의 안전 불감증은 상상을 초월했다. 그 배는 정원을 초과했고, 선장실 위까지 촘촘하게 관광객이 자리 잡고 앉아 있었다. 위험천만한 상황이었다. 사람이 너무 많아 파도가 조금만 출렁이면 바다에 빠질 것 같았다. 옆의 가족을 돌볼 여유는커녕 각자 몸을 살피기도 힘들 정도였다. 유람선의 스피커에서 음악이 크게 흘러나와 소통은 불가능했고, 달릴 때 파도에 부딪혀 배가 흔들리자 사람들은 "와…" 탄성을 질렀다. 배는 파도를 가로지르며 한려수도 해상공원을 질주했다.

우려는 현실이 되었다. 유람선이 들어갈 정도로 큰 굴이 뚫려 있는 바위 안에서 관람 목적으로 잠시 멈추었다가, 금세 다시 움직였다. 그때 사람들이 뒤로 밀리면서, 배의 끝에 서 있던 나는 떠밀려 시커먼 바다로 빠져버렸다. 다행히 깊은 물에 빠져들기 직전에 구출되었다. 짧은 순간이었지만, 그때 나는 예상하지 못했던 극한의 공포를 경험했다. 시커먼 바다에 홀로 빠졌던 순간에 새겨진 두려움은 평생 지워지지 않는다.

파도가 밀려올 때 살아나는 법

인생이란 원래 힘들고 위기에서 평생 해방되지 않는다. 그래서 세상은 각자 최고의 방법을 찾아서 인내하며 고통을 뚫고 나아가라고 말한다. 어느 부분에서 틀린 말은 아니다. 하지만 어떻게 뚫을지, 방법을 찾기는 사실 쉽지 않다.

내가 하나님 나라를 떠난 세상의 삶에서 육신의 가시는 시련의 일부였다. 몸이 아픈 것보다 더 크고 아픈 경제의 문제, 관계의 문제, 진로의 문제, 자녀의 문제, 내면의 문제가 틈만 나면 나를 삼키려고 입을 벌렸다. 밀려온 실패의 홍수는 삶 전체를 순식간에 덮었다. 한려수도 바다에 빠질 때처럼.

높이와 크기와 강도가 제각각 다른 파도가 나에게 연거푸 밀려오면, 나는 점점 버티기 버거워 팔과 다리의 움직임이 둔해지곤 했다. 물에 빠져 물을 먹고 나면 정신이 몽롱해지듯, 위기에 빠지면 아둔해졌다. 세상의 바다에서 하나님 나라로 가까이 가려고 헤엄치기를 시도하지만, 파도가 밀려오니 입으로 물이 '꼴깍' 들어오기만 했다. 아프고 지친 날이 숨 쉴 수 없게 계속 밀려오니, 어느 날은 결국 바다에 빠질 때처럼 한 움큼 물을 먹고 말았다. 물이 목구멍으로 들어오면 죽음의 두려움도 따라서 들어오니 식겁할 수밖에 없다.

'아이고, 이러다 죽는가 보다!'

내 인생에서 위기가 언제 끝날까 하는 걱정과 탄식만 나오게 된다. 나에게 비칠 소망의 빛이 있기나 한 걸까?

간신히 연명하고 있는데, 어느 순간 아무 희망도 보이지 않던 내 인생에 반전이 생긴다. 바닷물을 조금 먹었지만, 덕분에 극한 상황에서 살아남는 법을 터득하는 것이다. 방법은 이런 것이다. 큰 파도가 밀려오면 미리 숨 한번 크게 들여 마시고, 물을 마시기 전에 물속으로 아예 잠수해버리는 거다. 그래놓고, 파도가 지나갈 때까지 올라오지 않고서 최대한 숨을 멈추고 버티며 기다리는 것이다. 위기와 실패의 파도가 밀려오면 그 파도 밑에 잠깐 숨어 있다가, 파도가 지나가고서 올라오면 살 수는 있다. 그렇게 살아남는 법을 터득하는 것이다.

물속에서 오래 숨을 쉬는 기술을 터득하는 데는 시간이 좀 걸렸지만, 물에 빠진 체험은 내게도 살아날 소망이 있다는 것을 믿도록 하기에 부족함이 없었다. 그래서 삶에서 종종 마주한 실패와 사고 같은, 죽음으로부터 가까스로 살아남은 체험은 덤으로 받은 선물이었다. 인내의 기술과 지혜를 터득한 것 자체가 감사하다.

넘어질 때 맛보는 감정

당신이 선하고 믿음 좋은 사람이라고 해서 위기와 고난이 피해 가는 것은 아니다. 위기는 내가 익숙하고 안전하다고 생각하고, 자신 있어하고 잘 될 것만 같고, 사람들과 좋은 관계를 유지할 수 있을 것 같은 상황에도 온다. 믿고 의지하던 이에게 배신당하고, 때로는 안에서부터 은밀하게, 누룩이 부풀어 오르듯 조금씩 커지다가, 갑자기 멱살을 잡아 순식간에 넘어지게 만들기도 한다. 누룩이 있어서 죄가 불어나는 세상은 전혀 안전하지 않다.

넘어질 때, 우리는 아픔, 슬픔, 실의, 고통, 분노, 상실, 낙심 같은 감정을 맛본다. 내가 기대하지 않는 감정이다. 이런 감정들은 안전한 곳에서도 맛볼 수 있다. 하지만 이런 감정들은 마치 음식을 맛나게 만드는 데 필요한 양념처럼 삶에도 필요한 것이기에, 우리는 원하지 않아도 거의 매일 맛보게 된다. 그래서 인생을 요리할 때, 말하자면 살아갈 때 감정의 양념들을 어떻게 사용할지 요리법을 알고 있는 편이 차라리 낫다. 갑자기 멱살 잡히듯 맞게 될지 모를 위기를 견디고 극복할 준비가 돼 있어야 하는 탓이다.

솔로몬은 모든 사람이 추구하는 편안하고 성공하는 삶, 이른바 행복과 부와 명예가 헛된 것이라고 말한다. 그러나 사람들은 그것을 이루려고 노력하며, 근심과 슬픔, 미움과 증오, 분노와 실의와 낙심을 하루에도 수없이 반복하여 경험하며 살아간다. 그래서 성경은 이 세상의 삶이 헛되다고 말한다(전 1:2).

위기는 헛된 세상의 어둡고 날카로운 부분이다. 삶의 일부인 어두운 부분에 소망의 빛이 비춰지 못하도록, 사탄은 우리를 통제하고 조종하고 있다. 전도서 기자는 이런 말을 남겼다.

> ¹⁷이러므로 내가 사는 것을 미워하였노니 이는 해 아래에서 하는 일이 내게 괴로움이요 모두 다 헛되어 바람을 잡으려는 것이기 때문이로다 ²²사람이 해 아래에서 행하는 모든 수고와 마음에 애쓰는 것이 무슨 소득이 있으랴 ²³일평생에 근심하며 수고하는 것이 슬픔뿐이라 그의 마음이 밤에도 쉬지 못하나니 이것도 헛되도다 _전 2:17,22-23

일평생 근심과 수고와 슬픔은 모두가 경험하는 것이다. 헛된 삶을 살다가 암에 걸리고, 사업이 망하고, 홍수나 화재로 모든 것을 잃기도 하고, 믿었던 이로부터 배신과 사기를 당하고, 이혼당하거나 사랑하는 이를 잃기도 한다. 왕따를 당하고, 욱여쌈을 당하고, 수치를 당하고 상처도 입는다. 거듭 말하지만, 세상에 이런 순간을 모두 피할 수 있는 안전지대는 없다. 하지만 하나님 나라는 안전지대다. 세상은 상처를 주지만, 하나님 나라는 상처를 치유하고 회복을 주는 곳이다. 하나님 나라를 떠나면 위기를 극복할 기회는 찾을 수 없다.

위기를 마주하며 통과하는 지혜

내 인생에서 숨쉬기도 힘든 크고 작은 사고와 실패의 고난을 겪었는데, 이제는 소망이 보인다고 하면 누가 믿을까? 그러나 하나님 안에서는 분명히 소망이 있다. 나는 그래서 덤으로 주신 삶을 또다시 닥칠 고난, 상처, 아픔, 시련, 상실 따위 때문에 포기하고 싶지 않다. 또 고난이 닥치면 주님이 개입하실 때까지, 물에 빠질 때처럼 버티기 작전을 펼치다가, 영원히 안전한 곳을 향하여 한 걸음씩 걸을 것이다.

복잡한 감정의 파고가 일어 마음이 암흑 같은 그림자로 뒤덮인 인생길에서, 위기는 나 자신을 스스로 고독하게 격리하는 비접촉 인류untact homo로 만들었다. 그러나 하나님은 나를 형식적으로만 종으로 삼으신 것이 아니었다. 오히려 이 격리의 시간을 기다리셨다. 하나님의 관심은 내가 영적 활약을 펼치는 것이 아니었다. 나의 삶 자체를 구원하길 작정하신 것이다.

당신의 인생에도 모든 것을 잃은 듯한 한탄과 아픔의 긴 터널을 지날 때가 그렇지 않은 때보다 더 길지 모른다. 당신은 지금 숨도 쉬기 힘든 시간을 보내고 있을 수 있다. 그렇다면 당신에게는 위기를 마주하는 방법과 통과할 지혜가 절실히 필요하다.

지금 이 순간, 당신이 상처가 너무나 크고 수치스러울 만큼의 위기를 맞이해 미래가 없다고 생각해서, 엘리야처럼 포기하고 싶어서 로뎀나무를 향해 걸어가고 있지는 않은지, 나는 몹시 궁금하다.

4
;

두려운 길은 묵묵히 걸어가라

매일 낯선 길을 걷는다

내 일생에서 가장 길면서 가장 위험한 여행을 한 적이 있다. 구소련 시절, 선교사로서 사역을 위해 오스트리아를 출발하여 블라디보스토크에 도착하는 긴 여행이었다. 체코와 폴란드는 통과하지 않고, 헝가리와 루마니아를 거쳐 우크라이나 공화국의 지하교회로 잠입한 다음, 레닌그라드(상트페테르부르크의 옛 이름)를 지나 모스크바 지하교회를 방문한 후, 블라디보스토크까지 가는 것이었다.

우리는 당시 고속도로가 그다지 좋지 않은 사정에서 무려 20일을 운전해 시베리아를 횡단했다. 시베리아를 횡단하는 거리는 지구 둘레의 4분의 1이라고 한다. 당시는 기차로 가는 데만 거의 12일이 걸리고 16개의 공화국을 거쳐야 했으며, 60개가 넘는 서로 다른 문화권을 지나가야 했다. 선교사들은 루마니아 국경을 넘는 순간부터 비밀 경찰과 군인들의 추적을 피해 다녀야 하기에 줄곧 긴장했다.

사실 소련 땅에 들어가면서부터 우리의 적은 거친 도로나 육체의 피곤이 아니라 '잡히면 죽을 수도 있다는 두려움'이었다. 길목마다 서 있는 탱크와 군인을 볼 때마다 선교사들은 영도 육체도 같이 굳었다. 비밀경찰들을 피하게 하느라 선교사들을 도와주던 러시아인 장로님조차 날마다 처음 만나는 길이 낯설어 당황해했다.

인생도 마찬가지 같다. 낯선 길을 종종 만난다. 길이 앞에 보여서 가도 되는 줄 알고서 갔지만, 가고 보니 가선 안 되는 길이어서 힘들다. 낯설고 두려워서 잠시 주춤하고 숨었다가 다시 나와도, 세상은 여전히 무섭다.

나는 빈틈 많고 부족한 것 같은데, 세상은 크고 무섭기만 하다. 관계의 상처로 우는 날까지 있건만, 조심스레 기지개를 켜고서 낯설고 당황스러운 인생길로 다시 나서야 한다. 긴장을 풀려고 억지로 한바탕 웃기도 한다. '가끔' 말씀을 희망으로 삼고, 두려운 마음을 다독인다. '이제는 두렵지 않을 거야', 내게 속삭이지만, 여전히 두려움으로 꽉 찬 나를 보고 도리어 내가 놀라 주저앉기도 한다.

나는 과거보다 분명 강해졌다고 생각했는데, 그저 등 떠밀리듯 살아온 것만 같다. 익숙해서 당연히 잘 할 수 있는 쉬운 일마저 어렵게 느껴져, '이게 정말 내가 가려는 길이 맞을까?' 의심하기도 한다. 우리는 그렇게 매일 긴장하고 걱정하며 낯선 길을 걷는다.

두 번째 죽음의 위기를 겪다

다섯 명의 선교사는 예배자로서 하루를 시작하고 예배자로서 하루를 마감했다. 예배할 때마다 순교를 다짐하기도 했다. 하지만 그런 다음에도 '새로 갈 땅에 어떤 위험이 기다리고 있을까?' 염려하는 순간, 우리가 선택한 길에 대한 의심이 사막의 먼지처럼 또 일었다. '우리가 가는 길은 과연 안전할까? 신뢰할 수 있을까? 이 여정을 무사히 마칠 수는 있을까?'

믿음의 연약함은 우리에게 자주 드러났다. 일행 중에 누군가 두려움 때문에 짜증이라도 부리는 날이면, 그날 하루는 서로를 향한 오해와 의심 때문에 더러워졌다. 하지만 여정만큼은 도무지 멈출 수 없었다. 불안해서 지치기만 하고, 낯선 길이 막히거나 길을 잃을 때마다 새로 길을 찾아야 해서 어렵기는 했으나, 주저앉을 수는 없었다.

우리 다섯 명은 어느 날 뒤따라오는 비밀경찰을 피해 길 옆의 숲속에 차를 숨기고 있다가 이틀 만에 다시 나오기도 했다. 더 지체할 수 없고, 도망가기 딱 좋은 시간이라 여겨지는 동트기 전의 새벽에 우리는 움직였다.

길도 없는 산속 숲에서 길을 만들다시피 내려오다가, 일행이 탄 차는 다행히 지도에 있는 길을 찾았다. 그러나 그 길은 불행히도 가파른 벼랑 위에 있어서 몹시 좁았다. 게다가 아직 어둠이 남아 있어서, 벼랑 아래 골짜기가 얼마나 깊은지 알 수 없어 긴장을 늦출 수 없었다. 조심조심 그 길을 지나갈 때 순식간에 빛이 스며들었다. 아침 해가 눈 비비고 일어나는 것이었다. 기분은 상쾌해야 했지만, 상황은 우리가 노출

되기 쉽게 된 것이라 긴장은 더욱 고조되었다.

길이 극도로 좁아 조심스레 운전한다 했는데, 한쪽 바퀴가 그만 길 바깥으로 빠져버렸다. 우리가 탄 차는 벼랑 아래로 굴렀다. 1991년 봄, 나는 내 인생의 두 번째 죽음의 위기를 그 골짜기에서 맞이했다. 우리를 잡으려던 군인들은 그 사고의 폭음으로 우리를 찾아낼 수 있었다.

우리를 구출하는 데 걸린 시간은 무려 하루 가까이나 되었다. 우리 중에서 크게 다친 곳이 없는 사람은 인근 병원에서 간단한 치료를 받은 다음에 바로 추방되었다. 나는 얼굴이 찢어지고 턱뼈와 갈비뼈가 부러졌다. 첫 번째 사고로 다쳤던 다리와 허리에 통증이 다시 느껴져 불편하고 불안했다. 캐나다에서 온 선교사는 다리를 심하게 다쳐 파이프를 박는 수술을 받고서야 캐나다로 돌아갈 수 있었다.

다행히 일행 모두 생명에 지장은 없었지만, 그 일은 모두에게 위기였다. 하지만 다들 크게 실망하는 모습은 아니었다. 그 사고로 당한 추방이 우리에게 두려움과 상흔을 남겼을 것이라고 상상하겠지만, 그 정도 일은 어느덧 별 위기도 아니었다. 우리가 정말 위기로 여기며 염려한 일은 소련 당국에 잡히는 것이었는데, 사고와 구조와 치료와 추방이 순식간에 이어지고 나니 가장 큰 위기라 여겼던 구속의 두려움은 오히려 사라졌다.

우리는 육신을 어느 정도 회복한 뒤에, 두려움이라는 상흔만 마저 극복하기 위해 미주의 본부에서 3주간의 심리치료를 마친 후, 곧바로 소련의 본부로 돌아갔다. 잡힐 수 있다는 두려움조차 결국 우리가 가려는 사명의 길은 멈추지 못했다.

사명의 길에서 만난 지하의 교회

소련에서 지하교회를 찾기 위해 돌아다니다 보면 피가 마른다. 순간
순간이 두려울 뿐이었다. 1989년 말부터 1991년 말 사이에 소련의
지배 아래에 있던 나라들이 공화국으로 분리되었어도, 주변 국가들
에는 아직 공산 체제의 향수가 진하게 남아 있었다. KGB의 영향력도
여전해서 자유롭게 복음을 전하기는 어려운 상황이었다.

겉으로 보기에 상황은 조금씩 달라졌지만, 공화국마다 지하교회의
건축을 분명히 허락해놓고서, 정작 지하교회가 고개를 들고나오면
두더쥐 잡듯 교인들을 잡아가기를 반복하고 있었다. 결국 70년간 숨
어 있던 지하교회를 색출하는 결과만 낳았다. 다행히 노출되지 않은
지하교회들만 예전처럼 숨어서 예배를 드리고 있었다. 우리는 그런
교회들을 찾아다녔던 거다.

1991년 2월, 우리는 거점을 떠나 버스로 15시간 떨어진 우크라이
나 도네츠크 근처까지 도착했다. 모슬렘 지역인 그곳에서 수 시간을
걸어야만 갈 수 있는 지하교회를 방문하기 위해서였다. 밤길을 걸어
서 우리가 도착한 시간은 새벽 3시를 훌쩍 넘긴 무렵이었다. 언제나
그랬듯이, 성도들도 그 밤에 걸어와서 모여 있었다. 그 외진 곳에서 수
십명의 기독교인들이 주일마다 예배를 드렸다.

우리는 그 새벽에 러시아인들이 즐겨 먹는 블리니(Blini, 러시아식 팬
케이크)와 보르시(Borscht) 수프에 빵을 찍어 먹으며 그들과 성도의

교제를 나누었다. 해가 뜰 무렵, 성도들은 일어나 예배를 준비하기 시작했다. 큰 소리를 낼 수 없는데도 성가대 연습을 하고, 옹기종기 모여 성경 공부를 하는 이들도 있었다. 그들은 준비해온 정갈한 옷으로 갈아입고 성찬을 준비했다. 예배가 시작되었고 성찬과 세례를 베풀었다. '죽음을 각오하고 지켜온 70년의 신앙'과 더불어 드린 그날의 예배를 나는 잊을 수 없다.

반년쯤 지난 그해 8월 10일, 우리는 그 교회를 다시 방문했다. 성령님이 항상 임재하시는 그들의 모임 장소에 들어가면 우리 선교사들의 두려움은 사라졌다. 다시 한번 아름다운 새벽을 보내고 성찬을 나누고 세례를 베풀었다. 그러나, 그날의 예배가 70년 넘게 목숨 걸고 믿음을 지켜온 그 지하교회 교인들이 드리는 마지막 예배가 될 줄은 아무도 몰랐다.

그날은 그들의 3대 조상이 믿음을 지키기 위해 지하로 숨은 지 70년 만에, 그 자리에서 성전 재건축 허가를 받아 첫 삽을 뜨기로 한 날이었다. 70년 동안 핍박당하며 기도했던 그들의 기도제목이 이뤄지는 예배를 흥분된 마음으로 시작할 때였다. 갑자기 군인들이 탄 장갑차가 들이닥쳤다. 성도들을 마구 잡아갔다. 선교사들도 잡혔다. 하필 그날이 그 유명한 소련 쿠데타의 날이었다. 고르바초프가 크림반도에 군사를 보냈던 것이다. 우크라이나 정부는 그날 외국인과 선교사들을 붙잡아서 감옥으로 보냈다. 우리는 죽음을 담보로 한 고문과 조사를 또 받았다,

"주님, 오늘이 진짜 마지막 날인가요?"

또 다가온 인생의 위기 앞에서, 주님은 나의 소명을 붙들고 다시 기도하게 만드셨다. 그 후 우리는 공항으로 보내져 또 추방당했다. 하지만 선교사들은 이제 추방 따위는 두렵지 않았다. 나를 비롯한 선교사들은 하나님께서 각자를 부르신 소명을 사명으로 받고, 목숨을 걸고서 그 땅으로 다시 들어갔다.

2018년 12월, 선교사들은 모스크바 근교에서 다시 모였다. 2019년 2월에 열릴 오엠선교회의 공산권 선교 50주년을 기념하는 행사를 준비하면서, 선교사들과 접촉했던 지하교인 중에서 붙잡히지 않고 살아남은 자들과 비밀리에 만났다. 그 감동은 말로 형용할 수 없다. 하지만 안타깝게도, 그들도 얼마 후에 붙잡혀 기독교인들만 수용하는 감옥으로 보내졌다.

우리가 점점 강해지는 길

선교사들은 그동안 걸어온 길을 이렇게 회상했다.

"우리가 걸어온 길은 위기와 두려움 앞에서 사명자로서 살기를 결단했기에 걸을 수 있었던 길이었다."

사명자는 받은 소명을 가지고서, 위기가 와도 끝까지 그 길을 걸어가야 하는 사람이다. 소명을 받은 자로서, 사명의 길을 걷는 이에게는 때로 하나님의 반전이 기다리고 있을 때가 있다.

우리 일행은 1990년 12월 성탄절을 앞두고, 우크라이나의 르브노(당시 이름은 Rovno)라는 도시를 떠나 블라디보스톡으로 가던 길에, 한적한 산골의 작은 도시의 공원에서 빵을 배급받기 위해 줄을 선 사람들을 보고, 조심스럽게 전도를 시도했다. 성탄 분위기 때문에 복음을 전해도 괜찮을 것 같다고 판단했기 때문이다.

우리는 공원 앞에서, 타고 가던 버스를 무대 삼아 즉석에서 전도 집회를 열었다. 사람들이 우리가 나눠주는 '쪽복음'을 받으려고 구름떼처럼 모여들었다. 그들에게 복음을 나눠주고 있을 때, 어디선가 '척척' 하는 소리가 들렸다. 데모를 진압할 때 듣곤 하던 군화 소리였다. 그 소리가 점점 가까워지더니 우리 앞에서 멈췄다. 시민들은 순식간에 사라졌고, 우리 앞에는 수십 명의 군인이 총을 겨누며 서 있었다.

우리는 그들에게 잡혀갔다. 경찰서도 아니고 군부대에 끌려 왔으니, 그들의 조치를 기다리는 시간은 공포 자체였다. 하지만 하나님은 엄청난 반전을 준비하고 계셨다. 그 지역의 대장으로 보이는 사람이 취조할 것처럼 들어오더니 뜻밖의 부탁(?)을 했다. 우리가 타고 온 차 안에 있는 음식과 옷을 비롯해, 가진 모든 것을 달라는 것이었다. 우리가 가져간 쪽복음 책까지 달라고 했다. 하나님은 공산주의자와 이슬람교도가 많은 군인들에게 복음을 나눠줄 계획을 세우셨던 것이다!

그 대장은 엉뚱하게도, 군인들에게 교양 강좌를 해달라는 부탁까지 했다. 종교에 관한 강의라는 명목이었다. 그뿐만이 아니었다. 지역 경찰서장에게 연락해, 지역 주민들이 모이는 집회까지 주선해주었다. 경찰은 그 도시의 주민들에게 집회를 알렸다.

다음날 아침이 되니 도시의 공설운동장에 사람들이 모여들었다. 그 지역의 학교에서도 교장들이 학생들을 이끌고 왔다. 졸지에 그 도시의 복음화대회가 되어버렸고, 우리는 그 지역의 스타가 되어 있었다.

우리가 복음을 전하는 동안 백여 명의 군인들은 총을 들고 우리를 지켰고, 경찰은 시민의 치안을 담당해주었고, 지역 언론은 행사를 홍보했다. 하나님께서 우리 눈에 위기로 보인 것을 도구로 삼으시고 반전을 일으키셨던 것이다.

우리가 걷고 있는 인생길은 앞이 보이지 않아 두렵다. 처음 가보는 길을 날마다 걸어야 한다. 그러나 멈출 수는 없다. 멈추면 잠깐 겁쟁이 소리를 듣거나 혼자만 아는 상처가 남는 실패자가 되고 말겠지만, 두려워도 인내하며 나아가면 용감한 정복자가 될 수도 있다. 그래서 무너진 마음을 회복할 수도 있다. 그해 성탄절에 그 도시에서 경험한 일처럼, 예상하지 못한 영혼의 구원까지 얻을 수 있다.

우리가 가는 길은 궁극적으로 하나님 나라를 향하고 있다. 소명으로 걷기 시작한 길에서 만나는 위기와 고난은 어쩌면 담대한 사명자로서 거듭나고 변화하는 과정일 것이다.

우리가 걷는 인생길은 언제나 멈출 수 없는 진행형이다. 주님이 오라 하실 때까지 멈출 수 없고, 우리가 점점 강해지는 길이다. 오늘도 나는 이 길을 걸으며 위기를 극복한다. 고난의 길이 내가 하나님 나라에 이르는 길이다. 우리 모두는 그 길을 걷는다.

5

；

당신의 종착역은 하나님의 출발역

당신은 지금 어디쯤 가고 있는가?

계절이 바뀔 때마다 나는 산을 오른다. 하나님께서 만드신 로키산맥의 멋진 풍광을 사진에 담기 위해서다. 한번은 이정표를 잘못 읽어 반대 방향으로 오른 적이 있다. 가다 보니 그 길은 위험한 길이었다. 반시간이 지나지 않았는데 급격히 기후가 변했다. 비바람을 만났고, 갑자기 추워지고 몸을 숨길 곳이 없어 아주 고생했던 기억이 난다.

  여행을 떠나려면 이정표와 주의사항을 점검하는 일은 중요하다. 이정표는 목적지로 가게 하는 가이드여서 중요하지만, 때론 갑자기 닥칠지 모를 위험에도 대비할 수 있기 때문이다. 무엇보다 이정표는 우리가 제대로 가고 있다는 걸 확인시키는 증표이기에 안도감을 주고, 안도감은 인생길에서 몸과 영혼이 지칠 때 위로를 주기도 한다. 그래서 여행할 때 이정표를 미리 파악하고 잘 따르는 것은 매우 중요한 기술이다.

반면에 목적지에 이르기까지 아무 이정표 없이, 우연을 기대하고서 무작정 대책 없이 출발하는 인생은 고되다. 도중에 변화할지 모를 환경과 변수를 고려하지 않고 떠나면 여정을 마무리하지 못할 가능성이 높아지는 건 당연하다. 모든 걸 예상해서 잘 준비하고 길을 나서도, 앞을 보지 못하는 인간의 한계를 얼마든지 경험할 수 있다. 사전 준비는 필수다.

목표 지점을 명확히 하고 이정표를 챙기는 일이 중요한 것과 마찬가지로, '출발점', 즉 어디서 출발했는지를 정확히 아는 것 또한 중요하다. 출발점이 확실하지 않으면 자신이 목적지에 어느 정도 가까이 가고 있는지 가늠할 수 없다. 자신이 지금 선 곳이 어디인지 모른다면, 다시 말해 어디에서 출발했는지 기억하지 못해 정처 없이 가고 있다면, 그래서 현재 위치가 어디인지 모른다면, 당신의 여정은 엉망이 될 것이다. 인생은 '출발점'과 '목적지'와 '현재 지점'까지 모두 파악하고 있어야 한다.

어느 실패자의 인생 출발점

'탁!'

이삿짐을 정리하다가, 선반 위에서 먼지가 뽀얗게 쌓인, 조금 무거운 상자 하나가 방바닥에 떨어지는 소리였다. 후… 먼지를 털어보았다. 분명 내 상자인데, 하도 오래되어서 무엇을 보관한 상자인지는 잊어버렸다. 열어보니, 내가 오엠 선교사로서 사역했던 당시, 구소련 시대를 기억하기에 충분한 추억의 물건들이 들어 있었다. 빨간색 망치와 곡괭이 그림이 그려진 국기 위에 선명하게 CCCP라고 쓰여 있는 관공서 책자, 구소련의 화폐, 당시의 군복과 군모와 기타 기념이 될 만한 물건들이었다. 그곳에서 추방당할 때까지, 4년 동안 수집한 물건이 그 상자 안에 고스란히 숨어 있었다. 거의 잊고 있던 것들이다.

내가 그 나라에 가 있던 1989년부터 1992년은 소련이 서방에 문을 연 다음 러시아로 이름을 바꾸고, 나라가 분할되는 역사의 과도기였다. 그때의 소중한 기억들이 소환되었다. 잠겨 있던 상자 안의 물건들을 살펴보고 있을 때, 마음 한편에서 선교사로서의 나의 소명이 잠에서 깨어나고 있었다.

'동토의 땅 소련' 하면 잊을 수 없는 일이 많지만, 내 인생에서 '소련 선교' 하면 '슬기로운 감빵생활'이 먼저 기억난다. 선교사인 내가 비밀경찰 KGB에 아는 사람이 생길 정도로 자주 잡혀갔었기에, 내게는 소련에서의 추억 중에 어쩌면 가장 소중한(?) 추억 중 하나일 것이다. 특히 경찰서와 군대에서의 감빵생활은 같은 제목의 드라마 장면처럼 머리에 생생히 남아 있다.

하루는 우크라이나 르브노의 지하교회에서 숨어서 사역하다가 KGB에 체포되어 즉결 심판을 받아야 했다. 종교법을 어겼다는 이유였다. 그것이 국가 반란죄라고, 꽤 오랜 시간 구속되어 고초를 당했다. 나도 동료 선교사들도, 아니 누구든지 그곳에 잡혀가면 자유의 소망을 가지는 것은 사치가 되었다. 국가 반란죄나 종교법 위반으로 잡혀

가면 기록도 남기지 않고 즉결 처리해도 누가 뭐라 하지 않던 나라였고, 그런 때였다. 우리는 그곳에서 수 주일간, 무엇을 하며 어떻게 시간을 보냈는지 기억하고 싶지 않을 정도로 고통의 시간을 보냈다.

그때는 어쩌면 엘리야 선지자가 갈멜산에서 이방신의 850명 거짓 선지자와 싸워 무찔러놓고도, 엘리야를 죽이려는 이세벨 여왕의 한 치 혀 놀림 때문에 단 하루 만에 겁이 나서 도망가던 때와 같았다. 엘리야가 한걸음에 사환을 데리고 도망가, 생을 끝내고 싶다고 푸념하며 로뎀나무 밑으로 가던 때보다 더하면 더했지 싶다. 얼마나 두려웠는지….

김일성과 가까웠던 루마니아의 독재자 찰스 에스코 대통령이 실각한 직후, 루마니아 전국이 자유를 위한 국지전에 휘말렸을 때, 우리는 총격전을 뚫고서 소련 국경을 넘어가야 했다. 국경을 넘을 때 느낀 '잡히면 죽는다'라는 두려움도 KGB에 잡혔을 때 느꼈던 공포에 비하면 유도 아니었다.

우리는 악독하기로 유명한 KGB에게 잡혔고, 그들은 조사할 때 우리 머리에 총구를 대고서 때리고 겁박하기를 밥 먹듯 했다. 굶기고 잠을 못 자게 하고, 똑같은 질문을 혹독하게 반복했다. 우리는 그런 심문을 견뎌내야 했다. 그때 내가 느낀 공포는 자동차 사고를 당했을 때 느꼈던 것과 비교도 안 될 만큼 큰 것이었다. 내 인생 최대의 위기를 꼽으라면, 어쩌면 그때를 꼽을 것이다.

다 끝난 종착역인 줄 알았는데

지칠 대로 지치고 공포에 떨고 있던 어느 날 오후, 순교가 임박했음을 직감했다. 엄청난 낙심이 공포심에 추가되었다. 이곳이 내 인생의 종착역이라는 생각과 함께, 두려움이 밤마다 나를 깨웠다. 깨어나면 주님께 큰 소리로 울부짖었다.

"저 순교하도록 계획하셨나요? 두렵습니다⋯."

두려움의 밤을 보내면서, 나와 함께한 선교사들은 엘리야가 850명의 거짓 선지자와 싸운 이야기, 여호수아가 정복 불가능한 가나안을 침공할 때 적들을 이긴 이야기, 골리앗과 싸우던 다윗 이야기를 나누었다. 그때, 성령님께서 나에게 담대함과 감동을 주셨다.

"소년 다윗처럼 싸우라!"

나는 힘을 내 주님께 대답했다.

"네, 담대히 싸우겠습니다!"

하나님의 존재를 무시하는 세상 앞에서 담대하지 못하고 비겁했던 나의 모습에 대해 회개하는 고백이 튀어나온 것이다.

"세상은 적당히 타협하고 하나님이 없다고 말하라고 하지만, 절대 총부리 앞에서 타협하지 않겠습니다."

이상하고 놀랍게도 그 순간, 그동안 나를 사로잡았던 공포와 순교에 대한 부담감이 갑자기 사라졌다. 담대해지니, 신기하게도 그곳은 참으로 편안한 곳이 되었다. 그리고 얼마 지나지 않아, 교도소에 잡혀 있던 우리에게 기적이 일어났다. 1990년 성탄을 앞두고 국제적으로 개방의 문을 열었던 소련이 영국과 캐나다 정부의 압박에 못 이겨 우리 선교사 일행을 풀어줄 수밖에 없게끔 상황이 급변한 것이다. 우리는 잡힌 지 두 주 만에 기적같이 풀려날 수 있었다.

군인들이 내 머리에 총부리를 겨누었을 때, 나는 "아, 짧았지만 멋진 여행이었다! 이 멋진 여정을 순교로 맺을 수 있다니 축복이다. 감사합니다. 주님"이라는 고백을 하긴 했었다. 그러나 그런 고백에도 불구하고 밀려오던 두려움은 말로 표현할 수 없이 컸다. 그래도 담대히 싸우겠다는 고백과 아울러, 주님이 계신 곳은 안전하니 두려워 말라는 음성을 듣고서야, 나는 비로소 인생의 출발점에 다시 설 수 있었다고 생각한다. 인생의 실패자라는 패배의식에 사로잡혀 미래를 포기하고, 소망 없이 슬픔에 잠겨 있던 나를 하나님께서 부르셔놓고, "내일이면 죽이겠다"라고 협박하는 KGB 앞에 나를 세우신 줄 알았는데, 그곳이 내 인생의 종착역이 아니라는 걸 확신하게 된 것이다.

내가 들어갔을 때의 소련은 위험한 곳이었다. 그래서 그곳이 내 인생의 종착역인 줄 알았는데, 하지만 종착역은 아니었다. 끝을 알리는 도착선Finish Line이 아니라 새롭게 시작하는 출발선Start Line이었다. 세상 어느 곳이나 예수님이 안 계신 곳은 모든 것이 끝난 도착선 같고 위험으로 꽉 차 있지만, 예수님이 계시면 어디나 출발선이고 위험하지 않은 곳이다.

엘리야는 850명이나 무찌르고 승리해서 이세벨을 궁지로 몰아넣고도, 죽여버리겠다고 으박지르는 그녀의 한마디가 두려워 도망간 로뎀나무 아래가 인생의 종착역이라고 생각했을 것이다. 하지만 오히려 그곳은 엘리야의 시작점이 되었다. 하나님께서 힘을 주시고, 일하기 시작하셨기 때문이다. 엘리야에게 그러셨던 것처럼, 나 또한 내 인생의 종착역인 줄 알았던 감옥에서 출발점을 찾았다.

당신에게 찾아오는 뜻밖의 위기는 어쩌면, 하나님께서 그 아들의 생명까지 내어주신 당신의 고귀한 인생을 헛되이 죽게 하지 않으시 겠다는, 이른바 구원을 선포하시는 순간일 가능성이 크다. 그래서 절 망과 위기의 순간은 인생이 새로 출발하는 시작점이 되고, 그 시간은 인생 최고의 순간이 된다.

출발지와 도착지를 구별하라

당신의 어릴 때 꿈은 무엇이었는가? 어릴 때 목표가 사회복지사인 사 람, 가수인 사람, 교사인 사람, 배우인 사람, 사업가인 사람, 간호사인 사람, 경찰인 사람, 파일럿인 사람 등등, 사람의 꿈은 다양하다.

그러면 꿈을 이룬다는 것은 무엇일까? 사회복지사가 되면 꿈을 이 룬 것인가? 원하던 연예인이 되거나 교사가 되었다면 인생의 종착역 에 도착했다고 보아야 하는가?

많은 사람이 원하는 직업을 가지게 되면 종착역에 도착한 줄 알고 서 허무함을 느끼고 유혹에도 쉽게 빠진다. 하지만 직업은 인생의 종 착역이 아니다. 종착역으로 가는 여정에 불과하다. 직업을 가진다는 말의 의미는 그저 출발점에 선다는 것이다.

하지만 자신이 있는 곳이 어디쯤인지, 어디에서 내려야 하는지, 출 발지가 어디였고 도착지는 어디인지, 자신의 위치를 모르는 사람들 이 의외로 많다. 자신의 위치를 모르고서 여행을 하고 있다면 낭패를 당할 수 있다. 갈 방향을 구별하지 못할 때 환난과 위기마저 따라다니면, 인생은 더욱 고통스럽다.

어릴 때 시골에서 할아버지를 따라 오산에서 수원으로 가는 버스를 탔다. 만원 버스에서 잠시 졸다가 버스가 급정거해 눈을 떠보니, 할아버지께서 내리시는 뒷모습이 보였다. 나는 얼른 사람들을 제치고 할아버지를 따라 내렸다. 그러나 내가 따라서 내린 분은 내 할아버지가 아니셨다. 나는 급하게, 출발하려는 버스에 다시 올라타야만 했다. 여행 중에는 가야 할 곳과 현재의 위치, 다시 말해 목적과 사명에 집중하지 않으면 자칫 길을 놓칠 수 있다. 가는 길이 비록 귀찮고 지루하고 어렵더라도, 끝까지 집중하여 가야만 한다.

요나는 자신이 어디에 가 있어야 할지, 심지어 어디에 있는지도 모르는 영적으로 아둔한 삶을 살았던 사람이다. 다른 선지자들처럼 그의 도착점은 '여호와께로'여야 했으나, 그가 간 곳은 출발점도 도착점도 아닌 그 사이의 어정쩡한 어디, 물고기 뱃속이었다. 하나님의 명령을 거부하며 헤매다가 출발점과 도착점 사이에서 길을 잃은 그는 어마어마한 고통을 경험했다.

니느웨의 멸망이라는 하나님의 예언을 전해야 했으나, 요나는 그걸 이방 니느웨에게 전하기를 싫어했다. 자신이 선지자라는 신분까지 숨기고서 사명을 잊으려 했다. 요나가 가야 할 도착점은 니느웨였으나, 그는 반대 방향의 다시스로 가는 배에 올랐다. 그러나 안타깝게도, 그는 자기의 도착점이라고 기대했던 다시스 땅에는 발을 디디지도 못했다. 그가 도착한 곳은 상상하지 못했던 큰 물고기의 뱃속이었다. 그는 그 속에서 죽음을 예상했다.

하나님께 순종하지 않아 위기를 맞이하자, 그는 즉시 자신의 죄를 깨달을 수 있었다. 위기의 원인은 불순종이라는 죄였다. 그래서 그는 끈적끈적한 점액이 가득하고 질퍽질퍽한 시궁창 같은 곳으로 오게 된 것이다. 그러나 물고기 뱃속은 요나 인생의 진짜 출발점이었다. 그가 종착역으로 착각했던 위기가 요나를 향한 하나님의 계획에 따라 시작점이 되었다. 고약한 냄새가 진동하는 물고기 뱃속에서, 그는 너무도 오랜만에 여호와 하나님과 진정으로 대면하는 복을 누렸다. 물고기 뱃속에서 하나님께 울부짖으며 하나님과 나눈 대화는 그에게 새 출발의 기회가 되었다.

새 출발을 위해서는, 요나처럼 주님과 마주하는 특별한 시간이 필요하다. 당신이 출발선과 도착선 사이 어디에 있든, 하나님을 만나면 그곳은 언제나 하나님이 당신을 위해 새롭게 준비하시는 새 출발의 지점이 된다. 주님은 우리가 요나처럼 주님을 만나고서 새롭게 출발해야 할 때를 깨닫게 하시려고, 가끔 고난을 안내자와 도구로 사용하신다. 그런 의미에서 인생의 새 출발 지점을 일깨워주는 고난은 유익하다. 인생에 광야의 삶이 필수인 것과 같은 원리이다.

나는 숱한 고난을 겪으면서 고통, 상처, 수치심. 낙심, 절망 같은 부정적인 단어들에 익숙해졌다. 하지만 긍정적인 측면도 있다. 그런 단어들이 나를 더 빛나게 단련하고 정신 차리게 하여, 주님을 떠나지 않도록 채찍질하는 도구가 되었기 때문이다.

하나님께서는 상처와 낙심으로 고통받는 당신을 하나님의 형상으로 지음받은 자의 모습으로 새롭게 일으켜 출발선에 세우신다. 하나님의 출발선에 초대하시는 과정은 때로 아프다. 그러나 하나님의 때가 차면 당신의 위기는 출발선으로 보일 것이다. 그때를 기다리며 듬직하게 가다 보면, 당신은 어느새 위기를 극복하고 있을 것이다.

새 출발을 허락하신 하나님

일상은 매일 반복된다. 오늘도 해가 지고 내일도 반드시 해가 뜰 것이다. 내일이라는 하루가 또 없다면, 우리는 매일 어두울 것이다. 그런데 감사하게도 하나님은 내일이라는 하루를 당신에게 매일 선물하신다. 하나님께서 창조하신 세상의 법칙은 우리에게 선물이자 기회이다.

하나님은 해가 뜨게 하심으로 내일을 만드셨다. 내일은 아침을 다시 볼 수 있는 은혜의 날이며, 실수를 만회할 수 있는 날이며, 위기에서 회복할 기회의 날이며, 죄에 대해 용서를 빌 수 있는 날이기도 하다. 하나님 나라로 들어가는 비밀이 어쩌면 '내일'에 있다.

만약, 내일 회개하고 죄 사함을 받을 기회가 주어지지 않는다면, 우리는 오늘 하나님 나라에 들어가기 위한 인생 여정을 결코 시작할 수 없을 것이다. 그러나 하나님께서는 내일이라는 하루를 통해 우리를 출발선에 다시 세우시며, 하나님 나라에 들어가는 또 하나의 비밀이자 이정표를 알게 하셨다.

바울은 그 비밀의 이정표를 '환난'이라고 말한다. 그는 "제자들의 마음을 굳게 하여 이 믿음에 머물러 있으라 권하고, 또 우리가 하나님의 나라에 들어가려면 많은 환난을 겪어야 할 것이라"(행 14:22)라고 했다. 그러므로 하나님 나라로 안내하는 이정표는 환난과 고난을 통과하는 과정으로의 초대와 같다. 그 나라로 들어가는 여정의 시작이 광야이며 고난인 셈이다.

시편 기자는 성전에 올라가는 노래에서 "환난 중에 부르짖었다"라고 말했다(시 120:1). 성전에 올라가기 위해서는 환난이 올 것인데, 그 날엔 울부짖어야 한다는 뜻으로 필자는 이해한다. 이 시는 이스라엘 민족이 이집트의 핍박에서 해방되고 탈출할 때의 위기를 모면하고 출발했지만, 그 출발로 인해 다시 환난과 고난의 광야로 들어가야만 했던 이스라엘 민족의 역사를 기억하게 한다.

이스라엘은 환난의 이집트 생활로부터 탈출해서 광야로 출발해야 했고, 광야로 나와야 드디어 약속의 땅, 즉 여호와의 성전에 오를 수 있는 자격이 그들에게 주어지는 것이었다. 사실 출애굽은 이스라엘이 환난을 받기 위해 광야로 나가야만 했기 때문에 일어난 일이다. 그 환난을 겪어야만 하나님 나라, 약속의 성취가 있는 땅, 성전에 이를 수 있는 것이었다.

우리 인생에서도 하나님 나라로 들어가는 유일한 길은 광야이다. 환난을 겪어야 하나님 나라에 들어갈 수 있기에, 하나님의 사람들에게 광야 생활은 필수이다. 그러므로, 이집트에서 광야로 출발하게 하심은 은혜이다. 우리에게도 환난은 은혜이다.

환난의 장소에서 나와 광야로 가라

이집트의 히브리 말은 '미쯔라임'이다. '미'는 장소를 말하고, '쯔라임'

은 '환난'이라는 뜻이다. 이 단어는 창세기 10장 6절(미스라임)에 처음 언급되었다. 미스라임은 노아의 손자로서, 노아의 둘째아들인 함의 둘째아들이다. 함의 첫째아들인 구스의 자손 중에서 니므롯 같은 영웅들이 나와 바벨과 니느웨 같은 도성들을 창건했고(창 10:8-10). 둘째아들 미스라임의 자손 중에 이집트제국을 건설한 이들이 있었다. 그래서 애굽이 히브리인들에게는 환난의 장소라는 뜻이며, 거기에서 나와야 구원을 받는다는 뜻이다.

이스라엘이 환난의 장소에서 보낸 세월은 400년이 넘었다. 애굽이라는 환난에서 구출은 받았는데, 이제는 광야라는 환난이 시작됐다. 새로운 환난의 세월은 40년이었다. 하나님은 그들이 새로운 환난의 여정을 출발하게 하시고, 그들에게 만나를 주셔서 40년 동안 먹게 하셨다.

만나는 말씀이다. 말씀으로 치고 먹이셔서 낮추셨다는 뜻이다. 낮아짐으로 위기를 극복하고 환난을 통과하게 만드는 열쇠는 하늘로부터 내려오는 '만나'이다. 어린아이같이 마음이 평지가 되게끔, 만나로 우리를 낮추시는 것이다(마 18:3-4).

주님께서는 우리가 환난과 위기 앞에 설 때 오직 생명의 말씀을 먹어서 낮아지고 또 낮아지라고 하신다. 말씀을 먹고 어린아이같이 낮아진 자라야 하나님 나라에 들어가기 때문이다. 아버지 하나님의 말씀을 통해 낮추시고, 40년 광야 길을 지나가게 하신 뜻을 기억하자(신 8:1-3).

바울은 주님만이 우리를 환난을 통해 낮아진 몸으로, 자기 영광의 몸의 형체와 같이 변하게 하심으로 하나님 나라에 들어가게 하실 수 있다고 말한다(빌 3:21). 그러므로 광야의 여정을 출발할 때 만나를 허락하심은 주님의 은혜이다.

보이지 않는 인생 출구

당신이 지금은 앞이 어두워 길이 안 보이고, 마음이 아프고 슬퍼서 힘들고, 괴로운 상황 때문에 어딘가에서 숨어 있을지 모르겠다. 하지만 당신의 환난은 분명 옛사람의 옷을 벗는 변화와 치유의 기회이다.

몸을 가누지 못하는 병자가 베데스다 연못가에서 물이 동할 때에도 뛰어들지 못해 38년 동안 치유를 받지 못한 심정은 어떠했을까? 엄청난 실망과 낙심의 세월을 보냈을 것이다. 그랬던 그 병자가 예수님을 만나 구원받았다. 인생이 하나님을 통하지 않고서는 환난과 위기를 극복할 길도 회복할 길도, 구원받을 길도 없음을 기억하자.

38년 된 병자는 새로운 인생은 꿈도 꾸지 못했다. 적어도 예수님을 만나기 전까지는 말이다. 예수님은 그에게 자리를 들고 일어나 걸어가라고 명하시며 그의 병을 고쳐 주셨다. 하필 그날이 안식일이었다. 38년을 환난 가운데 살던 병자가 안식일에 회복된 것이다. 이는 이스라엘 백성이 만 38년의 광야 생활을 마치고 가나안에 들어간 사건을 기억나게 한다. 38년 된 병자가 38년 동안 연못에 들어가지 못해 긴 시간 환난을 받은 것이, 마치 이스라엘 민족이 가나안을 목전에 두고서도 '가데스 바네아'에서의 실수로 만 38년이나 광야 생활을 해야했던 아픈 기억을 상기시키는 것이다.

이 책이 출판될 즈음에도 세상은 여전히 팬데믹의 긴 터널을 지나가는 중일 것이다. 우리는 불안한 미래, 익숙하지 않은 새로운 미래를 향해 날마다 나아가고 있다. 출구가 보이지 않는다. 하지만 출구가 보이지 않는 불안한 이때가 요나에게 그랬던 것처럼, 우리 모두에게 출발선을 새롭게 찾는 유익한 시간이기를 바란다.

삶의 종착역에 도착한 듯한 위기를 맞이해 두려워하는 당신에게, 사탄은 당신이 더 초조해지도록 "넌 끝났어! 넌 쓸모없어! 널 기억해줄 사람은 이제 없어!"라고 속삭일 것이다. 그러나 모두 거짓말이다. 당신은 지금 종말을 마주한 게 아니다. 진정한 출발선에 서는 새 이정표를 받아든 것이다.

새 이정표는 당연히 예수 그리스도이시다. 새 이정표가 있기에, 당신은 출구가 안 보여도 불안해할 필요가 없다. 당신의 마지막은 하나님의 시작일 뿐이다. 그래서 고난은 있어도 절망은 없다. 당신의 상처 이야기는 종착역이 아니다. 치유 이야기의 시작일 뿐이다.

2

곤란한 시절
지날 때
업고 가셔서

6

;

예측 불가능한 백색 복병을 만날 때

눈사태라는 백색 복병의 등장

미국 콜로라도에서 살다 보면 자연스럽게 스키를 타게 된다. 이곳에는 40개가 넘는 스키장이 있어서, 이 동네의 사람들은 겨울이 되면 한라산 두 배 반 정도 높이의 설산에서 스키를 즐긴다.

속도가 제법 빠르고 긴 곤돌라를 두세 번 갈아타고 올라가, 두 개의 리프트까지 갈아타면 새하얀 눈만 있는 정상에 덩그러니, 어느덧 홀로 서 있게 된다.

리프트가 덜렁 나를 내려놓으면, 처음엔 겁이 난다. 숨도 쉬기 힘든 적막한 산 위에 서면, 바로 5미터 앞에 급경사의 비탈이 나를 기다린다. 처음에는 얼마나 놀랐는지 모른다. 놀이동산의 청룡열차가 내려가기 직전의 정상에 오른 것처럼, 아니 그보다 높고 끝도 보이지 않는 스키장이 불과 몇 발자국 앞에 펼쳐진 것을 깨닫고, 그만 털썩 주저앉고 말았다.

이런 산에서 홀로 내려가야 한다는 사실은 매번 깨달아도 여전히 악몽 같다. 그러나 그 악몽도 몇 번 꾸고 나면 겁은 조금씩 사라지고, 화창한 날에 하얀색 눈 위를 질주하는 감동과 상쾌함에 곧 중독되고 만다. 한번 맛보고 나면, 누구든 그 무서운 여정에 다시 몸을 맡기게 된다. 다만, 한라산 두 배 높이에서 스키를 타려면 눈사태는 조심해야 한다.

한번은 청년들을 따라 올라간 산에서 슬로프가 딱히 정해지지 않고 마음대로 타는 코스를 내려가게 되었다. 산 정상이기에 인공눈도 아니고 자연눈이고, 기계로 눌러 슬로프를 만들지도 않아 속도를 줄이면 바로 부드러운 눈 속에 묻히게 된다. 암담했다. 슬로프 없는 날것의 설산이 인생의 슬럼프 같은 것일지 모른다는 생각이 들면서 더 겁이 났다. 내 실력으론 역부족인 것을 느낄 때, 겁이 나서 자칫 속도를 줄이면 도리어 내 몸이 망가질 것 같아서였다.

나는 경사가 너무 급해서 겁이 더 났다. 속도를 늦추거나 멈추면, 아무도 없는 이 높은 산에서 홀로 눈 속에 빠질지도 모른다는 사실 앞에서 극도로 긴장하며 내려오고 있었다. 산 정상은 이미 벗어났고, 평온한 산에 햇살이 따뜻하게 비추니, 긴장과 두려움 속에서도 지친 느낌이 들고 피곤이 몰려왔다.

나는 잠시 쉬어 가려고 큰 나무를 찾아 간신히 그 앞에서 멈추었다. 나는 눈에 빠지지 않기 위해 발에서 스키를 풀어 나무에 묶었다. 그 나무에 등을 기대고 굵은 가지 위에 걸터앉았다. 그렇게 잠시 쉬고 있는데, 산 위에서 무슨 소리가 들리는가 싶더니, 어디서 왔는지 엄청난 눈덩이가 나를 덮쳤다. 눈사태였다. 다행히 나는 큰 나무를 등지고서 가지를 붙잡고 있던 터라 무사했다. 너무도 아찔한 순간이었다. 만약 스키를 타고 있었다면 바로 죽을 수도 있었다. "주님, 감사합니다!" 소리가 그냥 나왔다. 그때 나는 생각했다.

'인생은 질주하다가도, 때론 반드시 멈추고 쉬는 시간을 가져야 하는구나.'

설산에서 눈사태를 직접 경험해보니, 눈덩이는 단순히 백색의 눈가루가 뭉친 정도가 아니라는 사실을 알았다. 어쩌면 사막의 모래폭풍보다 무서운 것이다. 겨울 산에서 눈사태는 매우 위험한 복병(伏兵)이다. 인생에도 추운 날에는 눈사태 같은 백색 복병이 숨어 있다. 지금은 무사히 스키를 즐기고 있지만, 그 복병을 언제 또 만날지 모른다.

눈사태로 눈에 묻힐 때 살 수 있으려면 눈이 바로 녹든지, 누가 눈을 파 주든지 해야 한다. 눈이 누르는 힘이 워낙 강해 자기 힘으로 빠져나오는 건 거의 불가능하다. 살려달라는 소리도 내기 힘들다. 실제로는 눈의 무게 때문에 아무 소리를 내지 못하는 것이지만, 사실은 백색 복병이 금세 또 덮칠까 두려워서다. 너무나 놀라버린 것이다. 무겁게 침묵하며, 누군가 얼른 꺼내 주기만을 기다려야 한다.

고난이라는 백색 복병은 인생의 모든 것을 묻는다. 인생의 눈사태는 몸이 아니라 마음을 덮친다. 인생에 눈사태가 나면 무사하기 힘들다. 내가 백색 복병 같은 눈사태를 경험한 설산은 흰색 옷을 입고 서 있는 자태가 웅장하고 멋지지만, 매우 무서운 곳임을 또한 알게 되었다. 그런 설산이 바로 내 삶터라고 생각하면, 삶이 마냥 멋진 것이라고 결코 말할 수 없다. 가정, 직장, 학교, 심지어 교회가 그런 곳이라면, 나는 단번에 삶은 무섭다고 말할 것이다.

만일 삶의 눈사태가 부부싸움이면 눈덩이처럼 커져 아이들마저 덮칠 것이다. 아이들이 엄마 아빠가 이혼할지도 모른다는 생각의 눈덩이에 갇히면 숨죽이며 울 것이다. 눈사태가 교회 안의 분란이라면, 교인들끼리 갈등이라는 눈덩이에 순식간에 빠져버릴 수 있다. 나는 교회가 소란할 때, 그런 경우를 경험했다. 개인적으로, 가끔 교통사고 같은 복병을 만나기도 했다. 더구나 혼자 있을 때, 그런 재난을 눈사태처럼 당하면 속수무책이다.

욥이 당한 것 같은 일을 내가 당한다면

이스라엘의 우스라는 땅에서 살던 흠 없고 의로운 사람 욥도 느닷없이 백색 복병을 만났다. 하나님을 경외하는 의인이며, 축복을 많이 받아 모든 사람에게 존경과 부러움을 받은 사람임에도 불구하고, 불행하게도 연거푸 인생의 눈사태를 만나 모든 것을 잃었다. 자기 목숨만 빼고, 가축과 곡식과 종들과 자녀와 자신의 건강까지 잃었다. 처지는 상상할 수 없을 만큼 비천해졌다. 인간으로서 살기를 간구할 만한 최소의 희망도 다 사라졌다. 설산에서 눈덩이가 갑자기 덮치듯, 그 모든 일이 숨 쉴 틈 없이 일어났다. 그는 모든 것을 다 잃고 나서도, 이렇게 고백했다.

내가 모태에서 적신이 나온, 즉, 또한 적신이 그리로 돌아갈지라. 주신
자도 여호와시요, 취하시는 자도 여호와시니 여호와의 이름이 찬송을
받으실지니라 _욥 1:21

이 모든 일에 욥이 범죄하지 아니하고 하나님을 향하여 어리석게 원
망하지 아니하니라 _욥 1:22

무겁기만 한 삶의 고난이 연이어 찍어 누른다면 당신을 얼마나 힘
이 들까? 상상하기조차 힘들 것이다. 근심의 짐이야 포기한다 해도,
원망하지 않을 자신은 과연 있을까? 아마 없을 것이다. 우리는 모두
원망이 절로 나올 것이다. "하나님, 당신은 가식적입니다. 어찌 내게
이럴 수 있습니까? 내가 당신을 믿을 수나 있겠습니까?" 하고 따지고
말 것이다.

모든 것을 빼앗기면 당신의 처지는 파산일 것이고, 홀로 남은 텅 빈
방은 쓸쓸하고 적막할 것이다. 그래도 당신은 여전히 하나님께 영광
을 돌리는 예배자일 수 있을까? 돈만 잃어도 얼마만큼은 버틸 수 있을
지 모른다. 자식은 잃고 자신은 살아 있다면, 아, 상상하기도 싫다! 하
지만 욥처럼 자식과 재물까지, 나아가 자기의 건강까지 잃으면 어떻
게 될까?

욥은 모두 잃었다. 그의 곁에서 떡고물이라도 먹고 살던 관계를 유
지하던 사람들마저 다 떠났다. 평소 그를 시기하고 질투하던 사람들
은 신이 났을 것이다. "그것 봐라. 쌤통이다!" 그를 놀렸을 거다.

돈도 관계도 명예도 다 잃고 나면, 아마 당신이라면 죽고 싶다는 생각이 들지 않을까? 그런 고난이 욥이 겪은 일처럼 옛날 어떤 사람의 이야기가 아니라, 바로 지금, 혹은 얼마 전에 당신을 찾아온 일이라면, 아마도 당신은 버티기 힘들 것이다. 최근에 그런 일이 일어났고 지금도 진행형이면, 지금도 분노하고 있을 것이다. 그리고 또 물을 것이다. "내게 이런 일이 왜 일어났는가?" 욥과 그의 친구들도 같은 질문과 답을 주고받았다. "이런 일이 그에게 왜 생겼을까? 무얼 잘못해서일까? 뭐가 잘못된 걸까? 도대체 무엇 때문인가?"

눈사태는 기후가 좋은 날에도 발생할 수 있다고 한다. 일반적으로는 기온이 급히 하강하거나 거센 바람이 갑자기 불 때, 눈에 수분이 적어 서로 뭉치지 못할 때, 간혹 적설량이 지나치게 많은 날에 무게를 견디지 못해서 생길 수 있다고 한다. 눈사태는 일어날 조건이 분명하지 않고 예측하기 어렵기 때문에 위협적이다. 삶을 갑자기 덮치는 눈사태의 이유도 욥의 경우처럼 그렇다. 인생의 백색 복병이란 그래서 위험하다.

욥은 인생의 백색 복병을 만나 그의 생명을 제외하고 모든 것을 잃었다. 우리라면 그처럼 고난을 인정하고 받아들이기 어렵다. 하지만 고난과 위기를 이기는 길은 욥이 한 것과 같이 "주신 이도 거두신 이도 하나님"이라는 고백에 있다(욥 1:21). 욥은 "우리가 하나님께 복을 받았은즉 화도 받지 아니하겠느냐"라고 말했다(욥 2:10). 욥은 결국 모든 것을 돌려받았다(욥 42:10-17). 눈사태 같은 복병이 덮칠 때 위를 바라보고 자신의 한계를 고백한다면, 하나님께서 당신을 그 고난으로부터 구하시고 회복시키실 것이다.

나는 '만약 오늘 내가 무엇을 잃으면 내게 가장 치명적일까?' 생각해본다. 그리고 하나님 앞에 내려놓을 것을 정리할 것이다. 백색 복병을 만나도 욥과 같은 믿음 정도는 갖고 싶은 거룩한 욕심이 생기는 건욕심일까?

어쩌면 잘 견딜 수도 있겠다

내 또래는 학창 시절에 뭐라도 잘못하면 선생님들로부터 손바닥이나 손등이나 엉덩이를 자나 지휘봉 따위로 맞았다. 학생들은 잘못해서 맞기도 하지만, 때론 선생님들의 분풀이용으로 맞기도 했다. 학교에서 그렇게 맞고 오는 날이면 기분이 많이 상했고, 악몽처럼 며칠 동안생각을 떠나지 않았다.

하지만 어머니께 맞는 매는 반대였다. 어머니께서는 나를 혼내신 후에 오히려 나보다 더 마음 아파하시고 미안해하셨다는 것을 나는 안다. 매를 대고 난 후에 어머니는 늘 상한 나의 마음을 달래려고 애쓰셨다. 그런 매는 맞아도 얼마든지 기분이 좋다. '고난이 축복'이라는 말은 바로 그럴 때 쓰는 것이다. 그러나 우리가 받는 고난이 축복이라 하여도, 아픔을 견디기란 힘든 게 사실이다.

고통에 따라, 유난히 나를 아프게 하는 고통이 있다. 한번은 대상포진까지 앓고서 자리에 누울 정도로 마음고생이 컸던 일이 있었다. 그일로 인한 스트레스가 컸기 때문이다. 그럴 정도의 고난이 오면 한동안 잠도 못 자고 기도도 막힌다.

장로 장립 문제로 교회에 내분이 일어나 교회가 둘로 갈렸던 적이 있었다. 나는 기도하고 중립을 지키면서, 갈린 성도들 사이에서 화해를 시도했다. 그런데, 자신들의 기대와 달리 내가 어느 편에도 손을 들어 주지 않자 저마다 서운했는지, 싸움의 화살이 갑자기 나를 향하기 시작했다. 그때 맞았던 화살이 얼마나 아팠는지…, 분해서 몇 주나 잠을 못 잤다. 그 문제를 놓고 40일 금식기도까지 했는데, 눈물이 얼마나 나오던지…, 며칠 내내 울었다.

고난이 오니 내게는 그리스도의 만지심이 간절해졌다. 기도하는 가운데 주님이 위로하셨다.

"홍섭아! 너 요즘 좀 멋지다. 제법 잘 참는구나. 그래 내가 너를 사랑한다. 네가 천국 오면 내가 너 등 한번 쳐 줄게!"

살다 보니 나의 인생은 고난으로 시작해서 고난으로 끝날 것 같다는 생각이 든다. 사람들이 하는 말처럼, 고난이란 놈이 하필 나만 따라다니는 것 같기도 하다. 게다가 길기는 또 왜 그리 긴지…, 진이 다 빠진다.

그런데 요즘엔 다른 생각이 든다. 내가 고난이라고 생각했던 모든 것이 정말 고난이었을까? 지나간 고난들을 되새겨보니, 내가 당한 고난들은 견딜 수 있었던, 아니, 버틸 만했던 고난 같았다. 그래서 '이제는 내게 그 고난이 다시 닥친다면 좀 더 잘 이겨낼 수 있을 것 같다'라는 생각이 든다. 물론 똑같은 고난이 다시 닥친다면, 솔직히 지금도 이겨내기는 힘들 것이다.

그러나 한 가지 다른 것은, 지나간 고난의 결과, 나는 이제 그 고난

안에 숨어 있는 주님의 뜻을 알게 되었다는 점이다. 그것이 내게 또 다가올지 모를 또 다른 고난을 어쩌면 견딜 수도 있겠다는 추측을 하게 만들기도 한다. 그 말은 맞다. 그동안 내가 받은 고난으로 인해 나는 많이 성장했다. 고난이 오니 내가 정결해졌고, 회개하게 되었고, 뒤를 돌아보며 나 자신을 재정비하게 되었기 때문이다.

무엇보다, 고난이 오니 나의 기도가 달라졌다. "주님, 저를 버리지 마시고, 저의 부족을 깨우치게 하시고, 낙심치도 말게 하시며, 포기하지도 말게 하시며, 이제는 환란을 벗어나 근심이 없게 하소서. 앞으로 살아가는 동안, 이 고난의 기회에 제가 한층 더 거룩하고 정결한 예배자로 거듭나도록, 저와 더 친밀하게 동행하여 주십시오."

고난이라는 인생 브레이크

고난이 오니, 내가 더욱 간절하고 거룩하며 정결한 예배자로 나아갈 수 있기를 희망하고 정비하는 은혜를 체험하게 된다. 고난 가운데에서 나를 위해 자신의 핏값으로 나를 살리신 주님의 사랑을 기억하며, 예배자로서 주님 앞에 나아가는 나를 보는 것이다. 고난받는 동안, 나는 벼랑 끝에 선 심정으로 주님을 바라보았다.

고난이라는 브레이크는 나의 죄의 생활을 멈추게 했다. 내가 거룩하도록 악의 세력의 전염도 강제로 중단시켜 버렸다. 고난이야말로 하나님이 주시는 영적 '락다운'Lock Down이었다.

이스라엘의 광야 생활은 영적 락다운을 위해 하나님께서 계획하신 고난이었다. 그들에게 광야는 죄로부터 회복되는 락다운의 공간이자 축복이었다. 광야는 이집트에서 하나님과 멀어진 삶을 살던 이스라엘 민족에게 "하나님을 기억하여 거룩하라"는 경고의 자리였다. '광야의 락다운' 덕분에 이스라엘은 가나안으로 들어갈 수 있었다.

당신의 고난, 현실의 락다운은 거룩과 성별을 체험하는 시간이며 삶을 영적으로 바꾸는 시간이다. 무슨 일이 있어도 삶은 계속되기 때문에, 고난을 영적 성장과 하나님과의 관계 회복의 기회로 삼는 것이 중요하다. 고난 때문에 당신이 주님과 더 가까워질 수 있는 시간을 가진다면, 당연히 고난은 축복이다.

7

;

벼랑 끝에 담대히 서는 용기의 근원

복음을 전하다 붙잡히다

소련의 문이 열리기 며칠 전부터 내가 속한 선교사 일행은 적십자사 직원 자격으로 시베리아 산간의 한 마을에 가 있었다. 이제는 죽음의 두려움은 보지 않아도 될 것으로 믿고 모두 기뻐했다. 하지만 서방으로 문이 열린 후에도 지방 정부들은 한동안 러시아 정교회와 모슬렘과 중앙 공산당의 눈치를 보며 기독교에는 문을 닫고 있었다. 그런 상황에서는 공산당의 말을 믿을 수 없었기에, 선교사들은 하던 사역을 비밀리에 하고 있었다.

우리는 시베리아의 작은 마을에 몰래 성경을 인쇄할 인쇄기를 설치하기 위해 러시아를 횡단하고 있었다. 인쇄기 부품은 미리 조금씩 옮겨 놓았고, 이번에는 인쇄기 기술자가 가서 조립만 하면 되는 상태였다. 인쇄기 기술자이자 선교팀의 리더는 그 여행을 떠나기 며칠 전에 결혼했고, 그 여행을 신부 리사와 함께하는 신혼여행으로 여기며 동참한 마크였다. 그들의 신혼 침대는 쪽복음 묶음으로 만든 천국의 침대였다.

오스트리아 본부를 떠나 그리스와 알바니아를 넘어온 우리는 새벽이 가까워지는 시간에 시베리아의 그 마을에 도착했다. 잠시 눈을 붙이기 전에, 한 아파트에서 마크의 '신혼 침대' 일부를 파괴하고, 거기서 꺼낸 신약 쪽복음을 마을의 각 가정에 '배달'하기로 했다. 우리들의 경험상, 새벽은 복음을 배달하기에 아주 좋은 시간이었다.

그런데 눈이 내린 저기압의 밤이 너무 고요해 그랬는지, 쪽복음을 던져 넣을 때마다 툭 하고 떨어지는 소리가 평소보다 크게 들렸다. 발걸음 소리마저 너무나 선명해지는 적막한 시간이었기에, 우체통에 쪽복음 성경책이 떨어질 때마다 소리가 유난히 컸다. '툭' 하고 떨어질 때 나는 울림이 공기와 내 심장을 갈랐다. 심장이 터질 것처럼 거칠어지고 두근거렸다. 그때 갑자기 어떤 집의 불이 켜지고 벨 소리가 났다. 문이 잠기는 소리도 났다. 하필 그 시간에 깨어 있던 아파트 주민이 신고했던 것이다. 우리는 잡히고 말았다.

우리는 감옥에서 2주 동안 갖은 고문을 당했고, 리더를 제외하고 모두 풀려나 즉시 추방당했다. 리더였던 마크는 그날 밤 이후 지금까지 가족 품으로 돌아오지 못했다. 욥에게 시련의 소식이 들려왔던 것처럼, 남편을 잃은 리사는 추방당한 뒤에 병원에서 진료받다가, 기쁘기도 하고 안타깝기도 한 소식을 접해야 했다. 임신을 한 것이었다. 결혼식 직후에 생긴 허니문 베이비였던 것 같다. 기뻐해야 할지 슬퍼해야 할지, 우리는 분간할 수 없었다. 그때 함께 고문당했던 선교사들과 남편을 잃은 신부 리사는 밀려오는 상실감 때문에 한동안 정신 치료를 받아야 했다. 신혼여행에서 남편을 잃은 리사의 슬픔과 실의는 물론 더 컸다.

낙심의 골짜기로 떨어질 때

사랑하는 사람을 잃는다는 것은 정말 큰 상실이다. 악몽 같던 그 일이 기억으로 재생될 때마다 우리는 두려웠다. 우리가 가지게 된 상실감은 어느 것으로도 보상받을 수 없는 피해였다. 리사와 선교사들 모두 우울증에 걸렸고, 거의 한 달 넘게 폐인처럼 살았다.

당시 소련 선교를 담당하던 우리 팀의 숫자는 40명에 가까웠다. 이런 사건이 종종 일어나다 보니, 그 팀의 절반 정도는 무기력해지고 실의에 빠져 허우적대는 경험을 했다. 어떤 선교사는 감옥에서 생긴 트라우마 때문에 요나처럼 선교지를 떠나려 했고, 어떤 선교사는 고래 뱃속의 요나처럼 푸념하고 울부짖기도 했다. 어떤 선교사는 엘리야처럼 로뎀나무 밑으로 가서 죽고 싶다고 한탄했다. 그들이 위기라는 벼랑 끝에 서는 경험을 하게 됐을 때, 트라우마를 간직한 과거를 극복하지도 잊지도 못할 것이라 믿었다. 두려웠던 순간은 결코 잊을 수 없으므로, 사명자의 길로 돌아오는 일은 불가능할 거라고 생각했다.

낙심의 골짜기로 떨어지면 과거라는 경험의 덫에서 풀려나기 힘들다. 과거에 당한 모욕과 고통이라는 덫에 묶여버리기 때문이다. 트라우마에 붙잡히는 것이다.

트라우마에서 빠져나오는 일은 힘들다. 현재를 바라볼 수 없게 만든다. 그러나 소련 선교팀은 결국 한 명의 낙오자 없이 다시 선교지로 돌아가 복음 사역의 사명을 마쳤다. 주님께서 엘리야에게 까마귀를 보내 충분히 먹이시고 안식하게 해주셨듯이, 낙심의 동굴에서 허우적대던 선교사들은 미국 대사관의 믿음 강한 직원들의 보살핌 덕분에 모두 회복될 수 있었다.

선교사들이 회복하는 데 필요했던 것은 오로지 '용기' 한 가지였다. 주님 한 분만 신뢰한다면, 빠져나오기 힘들 것 같은 상실과 낙심의 늪에서도 충분히 벗어날 수 있음을 그들은 보여주었다.

하늘에서 내려오는 동아줄을 잡고 늪에서 빠져나오려면 자신이 잡은 동아줄이 진짜 구원의 줄인지 구별하는 안목과 믿음과 용기가 필요하다. 트라우마를 경험했던 소련 선교사들은 강하고 능력 있고 튼튼해 보이는 세상의 동아줄보다, 비록 약해 보이지만 하나님께서 내려주시는 동아줄을 구별하고 믿음으로 붙잡는 용기를 가졌기에 두려움을 이길 수 있었다.

하나님의 동아줄을 붙드는 용기

당신이 하나님의 은혜에서 멀어지는 순간, 감사와 찬양은 멀어지고 두려움과 낙심과 불평이 가까워진다. 그러면 하나님은 보이지 않고 우선 내 힘부터 의지하려 할 텐데, 내 힘이 약하다고 생각되니 포기하려 할 것이다. 그럴 때 용기를 내서 하나님을 신뢰하려는 노력마저 포기하면 무기력과 두려움에 그냥 사로잡히게 된다.

과거의 사고나 실패, 그리고 그로 인해 생긴 수치감은 담대하고 자신감 넘쳤던 때를 잊게 만든다. 현재의 고난도 두려운데, 과거의 두려움은 현재마저 두렵게 한다. 그러나 사도 바울은 이렇게 고백했다.

생각건대 현재의 고난은 장차 우리에게 나타날 영광과 비교할 수 없도다 _롬 8:18

그러므로 용기의 회복은 필수다. 앞으로 받을 영광이 지금의 고난보다 크다면 용기 좀 내 볼 가치가 있지 않겠는가?

현재의 고난을 이겨내고자 한다면, 우선 지금까지 지내 온 모든 것이 하나님의 은혜임을, 아픔과 슬픔마저 은혜임을 인정하는 용기가 절실하다. 회복을 위해서는 어떤 상황에도 용기를 내어 하나님을 붙들고, 죄는 버려야 한다.

과거의 실수와 실패와 아픔, 낙심하게 만들었던 기억을 잊기는 물론 쉽지 않다. 대단한 용기가 필요할 수 있다. 하지만 과거의 낙심에서 나오지 못하면 결코 회복할 수 없다.

욥이 체험한 일은 흔한 경우가 아니다. 자신은 아무 잘못도 하지 않았는데 모든 걸 빼앗겼다. 나 같으면 상실과 낙심으로 힘들어하기도 전에 분노부터 치밀 것이다. "제가 순종하는 삶을 살았는데, 왜 저에게 이런 시련을 주시나요?" 낙심하기 전에 하나님을 우선 원망할 것이다. 하지만 세상에서 모든 것을 잃더라도 하나님을 택한 욥처럼 믿음의 용기가 필요하다. 그때 당신의 회복은 비로소 시작된다.

삶의 변화와 회복을 위한 단어

언젠가 우리 교회 집사님께서 청소년부와 청년부 전체를 극장으로 데리고 가서 '부활'Risen이라는 영화를 보여주신 적이 있다. 영화는 십자가에 돌아가셨다가 부활하시고 승천하신 예수님에게만 초점을 맞추지 않았다. 로마 군인의 회심과 그에게 소명을 주시는 상황을 부각했다.

예수님을 잡기 위해 잠복근무를 하면서, 예수님이 죽기 전부터 승천하실 때까지 먼발치에서 지켜보며 예수의 행보를 조사하던 로마 장교는 첩보 작전처럼 움직이는 150여명의 무리와 제자들의 삶을 보면서 천천히 변해간다. 그는 결국 그리스도가 참으로 하나님의 아들이심을 알게 된다. 그 후 그는 모든 것을 포기하고 그리스도인이 되어 복음 전도자로서 살아가게 된다. 그로서는 큰 용기가 필요한 삶의 변화였다. 용기! 삶의 회복과 변화를 위해 반드시 필요한 단어이다. 로마 장교가 그리스도인이 되겠다는 용기를 낸 것은 목숨을 건다는 의미를 내포하고 있었다.

믿음의 용기를 내는 것은 그리스도인으로서 의무이다. 비록 세상에서는 인생이 바닥을 치고 있지만, 그 위기를 극복하고 주님을 위해, 복음을 위해 살겠노라고 결단하는 용기만 있다면 당신은 어떤 도전도 이겨내고 일어날 수 있을 것이다. 위기 또한 극복할 수 있을 것이다.

그 영화에서는 로마 장교의 눈에 비친 제자들의 변화도 눈여겨 볼 만한 대목이다. 제자들이 사명자로 변하는 과정이 아주 긴박하고 빠른 전개로 절묘하게 클로즈업되어 관객의 눈을 사로잡았다.

예수님의 제자들은 원래 겁쟁이인데다 이익을 따지는 이기적인 사람들이었다. 예수님이 하나님의 아들이라는 증거를 보여주어도 알아보지 못할 정도로 영적으로 아둔했다. 그런 그들이 변했다! 위기와 고난 앞에서도 두려움 없이, 심지어 벼랑 끝에 서는 용기를 냈다.

비록 두렵겠지만, 복음 때문에 각자의 벼랑 끝에 서는 용기를 내자. 그리스도인으로서 의무와 책임을 다하기 위해 담대해지는 것은 지금 당신에게 필요하다. 삶에 어떤 위기가 닥쳐와도 책임을 다할 수 있는 사람이 건강한 사람이며 그리스도인이다.

낙심과 핍박과 거짓과 협박이 당신을 삶의 구석으로 몰아붙여도 담대히 버티고 서는 연습을 하자. 위기가 삶의 일부인 것처럼 느껴질 때까지 견뎌보자. 당신이 선 곳이 벼랑이 아니라 구원이요 희망인 것을 알게 될 것이다.

비탈길에 설 때 해야 할 일

시편 23편 4절은 "사망의 음침한 골짜기로 다닐지라도 해를 두려워하지 않을 것은 주께서 나와 함께 하심이라"라고 말한다. 주님이 계시기에 무서운 골짜기도 푸른 초장이 되는 것을 우리는 안다. 그래서 복 있는 사람은 악인의 꾀를 좇지 않지만, 복 없는 사람은 악인의 꾀를 좇으며 산다.

악인은 최선을 다해 살지 않고 가식과 모략으로 속이며 산다. 진정한 용기가 없기 때문이다. 악인에게 연결된 줄은 하나님과 연결된 줄이 아니라 썩은 동아줄 같아서, 사람에게 의지하고 돈을 찾아 애굽으로 가는 인생과 같다. 그러나 주님이 함께하시기에 참된 용기가 있는 자는 꾀 부리지 않고 최선을 다해서 산다.

미끄러지면 떨어져 죽을 것 같은 비탈길에 서면, 침묵하면서 잠시라도 산 아래의 나무들을 내려다보자. 그 나무들처럼 묵묵히 땅의 자양분을 먹으며, 성실하고 진실하고 겸손하게 폭풍과 비바람을 맞아가며 위기를 이겨내자.

'언제든지 실패를 성공과 맞바꿀 수 있는 방법'은 세상에 없다. 벼랑 끝에서도 그저 최선을 다해 걸어가면, 당신은 어느덧 인생의 위기에서 벗어나 품위 있고 강직한 들풀처럼 우뚝 서 있을 것이다. 당신 속에서 나무처럼 늘어나는 나이테와 거친 주름을 사랑하며, 사명자로서 살아가는 인생을 감사하게 될 것이다.

8

;

실패한 자 같으나 성공한 자가 되다

선택의 결과가 실패일 때

시카고에서 전도사로 사역할 때였다. 부모님은 일 나가시고, 갈 데가 없어서 어린 동생과 함께 한인 마트 옆 길거리에 앉아서 놀고 있는 남매를 만났다. 미국으로 이민 온 남매의 아버지는 페인트공으로 일하면서 이곳저곳을 다니느라 가정을 보살피지 못하고 있었다. 이민 와서 몇 년이 지나자, 문화와 언어 장벽과 생활고에 지친 엄마는 아이들을 버려두고 집을 나갔다. 가정은 파탄이 났고 아이들은 방황하게 되었다. 그 가정이 나름 인생의 꿈과 비전을 달성하기 위해 선택했던 이민이었는데, 그 가정의 선택은 실패라는 결과를 낳았다.

인생은 늘 선택의 연속이다. 그래서 실패를 경험한 사람이 또 어떤 새로운 선택을 해야 할 때는 좀 더 갈등하게 된다. 갈등 앞에 서면 누구나 선택의 결과에 대한 두려움이 앞선다. 삶의 목표와 가치가 하나님 밖에 있는 사람은 날마다 커지는 욕심을 채울 수 없어서, 무엇을 선택하고 난 뒤에 찾아오는 낙심의 속도도 빠르다. 반대로 삶의 가치가 하나님 안에 있는 사람은, 선택의 결과가 비록 실패라 해도, 실망이 상대적으로 천천히 온다.

삶의 가치를 하나님 밖에 두었던 이 가정의 선택은 실패했다. 그러나 세상의 어떤 실패에도 의미 없는 실패는 없다. 작은 실패들이 쌓이고 어우러져 큰 성공을 만드는 것처럼, 하나님은 이 가정의 실패 속에 마치 예비하신 것처럼 반전을 준비하셨다. 하나님은 남매의 구원을 준비하셨고, 그들을 통해 이 가정의 변화를 예비하셨다.

남매는 나와 함께 성경 공부를 시작하고 세례를 받게 되었다. 남매의 맏이인 자매는 아버지의 구원을 삶의 목표로 삼았다. 그녀가 열여섯 살이 되었을 때, 나는 그녀에게 운전을 가르쳐 면허를 따게 해주었다. 그녀가 운전면허를 딴 다음, 부활 주일에 큰 선물을 들고서 하나님 앞에 당당히 나타났다. 그녀가 전도하여, 아버지를 자기 차에 모시고 교회로 온 것이다! 그녀는 '아빠와 함께 교회 다니겠다'라는 인생의 목표를 이루었다.

딸을 따라 교회에 나와 복음을 듣게 된 아빠는 인생이 역전하기 시작했다. 아빠는 남매를 위해 성실하게 살기 시작했고, 소식을 들은 엄마가 돌아와 아빠와 함께 구원받게 되었다. 그 가정의 인생 반전의 원인은 그리스도에게 있었다. 그 가정이 그리스도 밖에서는 실패했었는지 모르나, 그리스도와 함께하니 성공한 인생이 되었다.

내가 그 교회를 사임할 즈음, 그 자매가 성경 공부 시간에 이런 간증을 했다.

"우리 남매가 길거리에 있을 때, 전도사님이 저를 전도하셨던 무렵에 사실은 동반 자살을 계획하고 있었어요…. 그런데 떡볶이와 순대를 사주신다고 해서 배는 고프니까 먹고 죽으려 했는데, 지금 여기 있어요! 감사합니다. 전도…사님!"

그 자매는 그날 한없이 울었다. 나도 듣는 교인들도 자매가 우는 만큼 울었다. 미국 생활이 너무 괴롭고 힘들어서 동생과 함께 죽으려 했던 자매는 훗날 코스타(한인유학생수련회)의 일꾼이 되어 미주 코스타를 잘 섬기는 청년으로 성장했다.

삶의 목표가 주님 안에 있을 때는 인생의 방향을 놓고 선택할 일이 생겨도 갈등할 필요가 없다. 주저 없이 복음과 구원, 그리고 거듭난 삶을 선택하면 실패는 없기 때문이다.

성공과 실패의 차이는 목표와 가치관의 차이에 비례하는 것이다. 그러므로 인생에 고난과 갈등이 있을 때 예수 그리스도를 선택하면 실패는 없다. 예수가 삶의 목표이고 가치이면 된다. 그래서 예수다!

선택의 결과가 실패였던 아빠도 그 딸로 인해 실패를 극복했다. 삶의 실패 기준은 세상을 선택하느냐 아니면 하나님을 선택하느냐에 달려 있음을 그 가정이 보여준 셈이다. 당신의 선택이 실패라고 느껴질 때, 낙심하지 말고 삶의 목표와 가치관을 점검해보면 좋을 것이다.

자매가 교회를 떠나는 나와 헤어져야 했을 때 던진 마지막 이 한마디가 아직도 내 가슴에 남아 있다.

"전도사님, 예수 안에서 꾸는 꿈은 반드시 이뤄졌어요! 주님 밖에서 꾼 꿈은 실패했는데…, 너무 신기해요!"

'내게 다시 기회가 올까?'

성경의 인물 중에 실패를 경험하지 않고서 주님 나라의 일꾼이 된 인물을 예외적으로 찾기 힘들다. 아브라함, 야곱, 모세, 다윗, 베드로, 바울 등, 하나님 나라의 거목들은 모두 실패를 딛고 일어선 사람들이다. 그들에게 실패는 승리를 위한 또 다른 도전의 기회였다.

그들은 세상의 지도자로서도 창피할 만큼 수많은 실패를 경험했고, 하나님의 사람으로서도 수치스러운 실패의 쓴맛을 보았다. 그러나 그들은 수십 년 넘게 경험한 실패의 시간을 발판 삼아 하나님의 때를 준비했다.

누구든 자신이 하는 일에서 뭔가 부족했다는 걸 실감하는 순간이 온다. 그게 공부든 일이든 사랑이든, 실패한 순간에는 '그때 내가 어떤 부분이 부족했구나' 하고 후회하게 된다. 그런 날은 잠도 못 자고 이불을 발로 차기도 하며 자신을 탓한다. 지쳐 잠에 빠진 밤에는 나름의 위안도 오겠지만, 대부분은 금세 잠이 오지 않아 걱정과 고통으로 지샌다. 한참을 더 후회하고 괴로워하다가, 어느새 하얀 새벽이 오는 것을 보면서, 여전히 찜찜하지만 지칠 대로 지쳤으므로 스르르 잠에 빠진다. 그렇게 며칠을 괴로워하고 뒤척일 때마다 생각한다. '내게 다시 기회가 올까?'

실패의 쓰라림이 사라지진 않아도, 때로는 희망이 번뜩 떠올라 자신에게 스스로 위로받고 잠을 청하는 날이 있다. 그런 날은 희소식이 있을지 모르니 어서 아침이 오기만을 기대하면서, 다소나마 편히 잠드는 행복을 잠시라도 만끽할 수 있다. 하지만 희망의 불씨를 기대한 다음 날 아침의 현실이 기대와 다르게 나아지지 않으면, 어제보다 더한 좌절이 또 몰려온다.

지원한 대학들에서 연거푸 불합격 통보를 받거나, 확신에 차서 대출까지 받아 주식이나 비트코인을 구매했는데 하루 만에 폭락했거나, 회사가 부도 직전에 올인한 프로젝트를 따내지 못했다거나, 최선을 다한 사랑에 실패하고 이혼까지 하게 되거나, 좌우간 실패를 확인하는 새벽은 상상할 수 없는 고통과 함께 동튼다.

실패자의 눈에서 살짝 빛이 날 때

반복하지 않아도, 아니 반복할 수도 없어서, 어떤 실수는 단 한 번으로도 엄청난 고통과 상실의 파괴력을 가질 수 있다. 다른 어떤 실패에서 느낀 아픔보다 크게 느껴진다.

만일 당신이 가족 여행을 가던 중에 신호 위반으로 자동차 사고를 냈다고 치자. 안타깝게도 그 사고로 인해 가족이 죽었다면, 가족이 함께하는 단란한 시간은 다시 가질 수 없다. '다시 이런 실수를 반복하지 말아야지' 하고 다짐할 수도 없다. 큰 실수였음을 깨닫는 순간, 사랑하는 이는 이미 내 곁에 없다.

되돌릴 수 없는 일을 되돌리기 위해 할 수 있는 일은 별로 없다. 기도조차 할 힘이 없을 것이다. 너무 힘들면 그렇지 않은가? 앉아서 기도하려고 몸을 일으키는 것마저 괴롭고 귀찮다. 그럴 땐 그저 천장을 보고 누운 채로 '주님 아시죠?'라는 한마디를 신음처럼 내는 것조차 기운을 차려야 한다.

너무 힘들면, 제아무리 오래 신앙생활을 했어도 초보의 믿음을 가진 이들과 별 차이 없어 보일 수 있다. 그렇다. 너무 힘들면 기도조차 쉽지 않다. 숨이라도 편하게 쉬고 싶지만, 가슴이 조여든 것처럼 답답하다. 그런 때는 일상을 묵묵히 지속하거나, 며칠 동안 혼자 집에 틀어박혀 평소 보지 않던 트로트 음악 채널을 찾아보거나, 잘 안 보던 드라마와 영화를 보면서 쓰라린 감정을 붙잡으려 애쓴다. 때로는 교인이나 회사 동료에게 전화해서 끝없을 것 같은 넋두리를 늘어놓고 싶을 때도 있다. 이해되는 행동이지만, 모두의 시간만 소모할 뿐 아무 의미 없고, 남는 것도 없다는 것을 자신도 잘 안다. 자신이나 그들이나 답이 없기는 마찬가지이기 때문이다.

며칠 쓸데없어 보이는 짓을 하고 나면, 당신은 겨우 하늘을 바라보게 될 것이다. 힘들고 귀찮아서 누워 있을 땐 기도할 여력도 없었겠지만, 이제는 하늘을 바라보며 은근히 주님의 만지심을 기대하게 될 것이다. 모든 일을 잊겠다며 무작정 시간을 보냈지만, 머릿속은 여전히 실패의 구름이 덮고 있지만, 그러는 동안에도 그 아픈 길에서 주님이 동행하고 계셨으며, 위로하고 격려하고 만져주고 계셨음을 간신히 기억해냈기 때문이다.

실패를 반복해도 꿈만 잃지 않으면

시카고에서 내가 사역하던 교회 인근 모처에 목회자들이 사용하는 작은 기도원이 있었다. 그 기도원 주변에, 겉은 매우 초라하지만 아주 유명한 사람이 살았던 집이 한 채 있다. 시카고 외곽의 이 집에 어느 날 한 아이가 태어났다. 아이의 가정이 얼마나 가난했던지, 이 아이는 친구들이 놀 때 집에서 소, 돼지, 닭 등을 돌보며 집안일을 챙겨야 했다. 아이는 학교에서 미술 과목을 좋아했지만, 미술 도구를 살 돈이 없어서 연필 대신 집에서 태우고 남은 숯을 가지고 다녀야 했다. 초원에서 꽃을 따서 직접 만든 염료로 물감을 대신한 건 스스로 생각해도 대견했다. 숯과 꽃물로 땅을 캔버스 삼아 그림을 그리면서, 그는 감히 화가의 꿈을 키웠다.

외롭고 가난하게 자란 그는 하늘의 새와 숲의 곤충과 동물들을 관찰하여 그만의 꿈의 세계를 그려 나갔다. 특히, 동물을 마치 사람인 것처럼 표현하는 건 그만의 재주였다. 그는 자신처럼 가난하여 소망이 없고 상처와 낙심의 괴물에 붙잡혀 사는 아이들에게 꿈과 행복과 희망을 심어주고 싶었다. 그 방법은 동물들이 사람들처럼 말하고 움직이면서 주인공이 되는 만화영화를 만드는 것이었다. 그는 영화업계에서 당시만 해도 불모지였던 만화영화 사업을 구상했다. 하지만 그의 꿈을 이루려면 갈 길이 멀었다.

그는 캔자스의 광고회사에 취직하여 일하면서, 언젠가 만화영화 사업에 성공하리라는 꿈은 버리지 않았다. 중고 카메라를 사 모으고 작은 스튜디오를 차렸다. 훗날 영화와 만화를 만드는 작은 제작소를 설립할 수 있었다. 그러나 사람들의 편견과 무시와 견제로 제대로 시작조차 못 하고 사업의 문이 막히는 불운을 자주 겪어야 했다. 실패를 반복했고, 실패할 것이 뻔해 보이는 그의 꿈에 누구도 투자하지 않았다. 미래를 내다보는 그의 꿈이 지나치게 앞섰던 탓인지, 현실 세계는 만화영화에 관심도 없었다. 사기를 당해 망하기도 했다.

그는 실수와 실패를 수없이 반복했지만, 그래도 꿈만큼은 포기하지 않았다. 실패를 통해 얻은 노하우를 쌓아가며 하나둘 작품을 만들어냈다. 결국 '이상한 나라의 엘리스'가 큰 인기를 얻으며 성공을 거두기 시작하였다. 이미 눈치챘겠지만, 이 사람의 이름은 월트 디즈니다. 그는 이런 말을 믿었다.

"실패 때문에라도(실수를 했다 해도) 꿈을 끝까지 추구할 용기만 있다면, 우리의 꿈들은 모두 실현될 수 있다." All our dreams can come true, if you have the courage to pursue them because of your mistakes.

신실한 회중교회 신도였던 디즈니가 실패를 이겨낸 것처럼, 하나님이 함께하는 사람이라면 실패의 어두운 밤을 보내더라도 소망의 아침을 맞는 것은 불가능한 일이 아니다. 중요한 것은 내가 어떻게 해야 한다는 삶의 무게와 부담감을 내려놓는 것이다. 크리스천에게 스트레스는 놀랍게도 성령님의 몫이다. 당신이 성령님께 무거운 삶의 짐을 맡길 때, 당신은 실패를 통해서도 하나님의 뜻을 보게 될 것이다.

실패는 결국 성공에 필요한 디딤돌이다. 처음부터 높이 점프할 수 없기에 디딤돌을 이용하는 것은 당연하다. 같은 실수를 수십 번 해도 괜찮다. 주변의 멸시와 수치의 무게쯤은 견뎌야 한다. 포기하지만 않으면 된다.

실패했다 싶을 때, 엘리야처럼 로뎀나무 아래로 가라. 서서히 주님의 음성이 들리기 시작하고, 다시 일어날 수 있겠다는 기운이 나기 시작할 것이다. 모든 것을 포기했던 실패자의 눈에서 살짝 빛이 날 것이다. 그것은 주님이 살짝 희망을 보여주신 순간이다. 그 희망을 본 당신은 다시 일어날 힘을 얻을 것이다. 주님은 그렇게 해서 당신이 다시 일어나게 하신다.

주님을 부여잡고 일어나는 경험을 통해, 우리는 '넘어지는 것은 주님을 의지하여 일어나는 법을 배우기 위한 것'이라는 사실을 배운다. 우리는 비록 실패를 반복하지만, 주님의 만지심을 반복하여 경험하면서, 드디어 실패한 자 같으나 성공한 자가 된다.

9

;

점프 도약대에 서면 갈등하지 마라

내 뜻을 하나님의 뜻으로 착각한다면

나는 대학교 4학년이 끝나갈 즈음, 졸업 이후의 진로를 깊이 고민했다. 어려서부터 꿈꾸던 정신과 의사의 길과, 은혜를 체험하고 받은 목회 비전 사이의 갈등 때문이었다.

당시 오엠선교회 총재인 조지 버워와 오엠 아시아 리더 겸 소련 선교팀 선임 리더였던 알란 아담스, 그리고 소련팀의 내 리더였던 데이빗 밥콕 선교사는 내가 우선 의사가 된 다음 오엠선교회로 돌아오기를 바랐다. 그래서 나를 시카고로 보냈다. 나는 시카고에서 두려움을 품고서 유학 생활을 시작했다. 다행히 그곳에서 비슷한 시기에 유학을 온 사랑의교회 김명호 목사님(현 대림교회 담임)을 만나, 두려웠던 유학 생활을 두려워하지 않고 외롭지도 않게 시작할 수 있었다. 당시

나는 내 욕심과 주님의 뜻 사이에서 갈등이 생기면 김 목사님께 의논하며 지혜를 구하곤 했다.

대학생 때 사고를 당한 다음 선교사님을 따라 가서, 매일 죽음을 앞에 놓고 사투를 벌이던 소련 선교지에서 돌아와 미국에서 편안한 유학 생활을 시작했을 때, 이상하게도 적응하기가 더 힘들었다. 언어 문제와 문화 갈등과 경제 문제가 짓누르기도 했지만, 생명의 두려움까지는 아니었다. 그런데 소련에서 선교사일 때보다, 시카고에서 살 때 정신적 압박이 오히려 더 컸다. 유학 생활에 자신이 없어지더니, 갑자기 우울증이 찾아왔다. 삶의 '편안'을 이룰 자신이 없어졌고 불안이 엄습했다. 말로만 듣던 자살 충동까지 찾아왔다.

나는 미국에서 공부하며 대학 졸업을 앞두기 전까지만 해도 의사가 되겠다는 계획을 잊지 않고 있었다. 이것이 나를 향한 주님의 비전이라고 믿고 합리화하며, 목회자로의 부르심을 애써 잊으려 했다.

나는 1994년에 워싱턴센터에서 운영하는 인턴십 프로그램에 선발되어 조지워싱턴대학에서 인턴십 과정을 경험했다. 워싱턴 DC에서 말로만 듣던 미국 교육부 청사와 공화당과 민주당 당사와 백악관 등을 방문하며, 지금은 이름도 기억 못 하는 정치인들을 만나는 기회를 얻었다. 나는 이런 경험을 발판 삼아, 학교 총장님과 교수들님의 적극적인 추천으로 몇 곳의 의학전문대학의 교수님들과 인터뷰할 기회를 얻었다. 긍정적인 답을 듣고 드디어 의대 진학을 꿈꿀 수 있는 상태가 되었다.

그런데 김명호 목사님이 유학하실 때 함께 교제를 나누면서 '소명과 사명'에 관해 다시금 생각하게 되었고, 내 뜻을 하나님의 뜻으로 착각하고 있는 자아를 보게 되었다. 나는 오엠 본부가 나를 필요로 해서 시카고로 보낸 줄 알았다. 그때 내가 들은 음성은 "시카고에 가라. 시카고는 네 인생이 점프할 수 있는 도약대다"라는 것이었다. 나는 그 음성을 주님께서 나를 의사로 만드시려는 뜻으로 들었다. 그러나 나는 내 안에서 나의 편함을 추구하려는, 가면을 쓴 자아를 마주했다. 주님은 내가 감추고 있던 속사람의 욕망, 즉 삶의 편안을 이루게 하지 않으셨다. 나는 '나의 계획과 편안함이냐, 하나님의 계획과 내 안의 평안이냐' 사이에서 갈등했고, 결국 사명자로서 영적 평안을 선택했다.

하나님의 뜻을 발견하고서 목회자의 길을 선택하면서, 꿈에 그리던 의사의 길은 포기해야 했다. 하지만 이번엔 수치심을 느끼거나 낙심할 일은 없었다. 실패자라는 생각도 전혀 없었다. 고등학교를 졸업하고서 처음으로 열등감에서 탈출하는 데 성공한 것 같았다. 나는 실패한 것 같으나, 성공한 것이었다.

지금 당신이 실패한 것 같다고 당장 실의에 빠지지는 말았으면 한다. 하나님께서 인도하고 계신 길이다. 그러므로 실패라고 여겨지는 순간에는 주님 앞에 나를 내려놓자. 그리고 하나님께서 당신에게 주신 소명과 사명을 기억해보자. 하나님께서 당신을 부르셔서 사명자로서 살아가게 하시려는 뜻이 보일 것이고, 평안을 얻게 될 것이다. 그런 다음 당신을 자세히 살펴보라. 당신은 실패자가 아니라 성공자일 확률이 더 높다.

혹시라도 지금 누군가 나처럼 '편안'과 '평안' 사이에서 갈등하고 있다면, 주저 없이 믿음으로부터 오는 '평안'을 선택하라고 조언하고 싶다. 세상의 편안이 아닌 믿음의 평안을 선택할 때, 실패의 두려움에서 해방될 수 있다.

점프대에서는 속도를 늦추지 말라

내가 스키를 처음 배우고 제법 높은 스키장에서 내려올 때였다. 내려오다 보니 갈림길이 보여 잠시 갈등했다. '어느 곳이 쉬운 길일까?' 갈등하는 사이에 눈앞의 경사(傾斜)를 보지 못했고, 그만 공사 중이던 경사 아래로 떨어지고 말았다. 다행히 크게 다치지는 않았지만, 갈등은 때론 위험한 결과를 부른다는 걸 알게 되었다. 목숨이 담보일 만큼 위험해서 서둘러 선택해야 하는 경우가 살면서 자주 있진 않겠지만, 너무 오래 갈등하다가는 올바른 선택을 하지 못할 수 있고, 잘못된 선택은 스키장의 사고처럼 생명까지 잃게 할 수도 있다.

스키 점프나 오토바이 점프를 하려면 꽤 높은 점프대를 타고 전속력으로 달려온 다음, 특히 도약대에서는 주저하지 않고 속도를 멈추지 말아야 한다. 그 순간에 머뭇거리고 점프하기를 갈등하다가는 생명을 잃을 수도 있다. 다행히 생명을 건진다 해도, 실패라는 늪에서 허우적댈 것이다.

스키선수처럼 언젠가 점프해야만 하는 삶을 사는 우리는 갈등의 순간을 마주하는 순간이 올 때, 주저 없이 최선의 선택을 하여 최대한 위기를 줄이는 연습을 해두어야 한다.

점프대 같은 갈등을 마주했을 때, 나의 의지, 나의 뜻, 나의 계획, 나의 유익을 위한 길을 택하는 것이 최고의 선택은 아니다. 하나님의 뜻과 그분의 유익을 기준으로 선택할 때, 나의 안전이 보장된다.

당신이 점프하기를 연습할 때는 물론 수많은 실패를 할 것이다. 하지만 실패는 연습의 과정에 불과하다. 당신의 성공은 아직 오지 않았을 뿐이다. 혹시나 실패만 계속 찾아와도 실망하지 말자. 이스라엘이 가나안에 입성한 후에도 계속해서 싸워야 했듯, 우리는 인생의 점프를 위한 갈등과 선택을 계속해야 한다. 그러므로 오늘의 갈등을 잘 처리하는 기술의 연마는 필수가 된다.

주님은 우리가 갈등 처리에 익숙해질 때까지 위험한 점프 연습을 계속 시키실 것이다. 그러므로 다음에 또 경험하게 될지 모를 실패를 마음 활짝 열고서 즐겨보자.

멋진 실패는 가치가 있다

인생의 위대한 선배들은 업적을 남기고자 많은 시도를 했다. 그 시도들이 모두 성공한 것은 아니다. 확실한 것은, 누구든 성공하기 전까지 실패라는 경험을 통해 단단해지고 지혜가 자란다는 것이다.

유대인과 이방인이 예수에 관한 복음을 들을 수 있었던 것은 바울과 베드로와 같은 제자들이 감옥에 갇히거나 돌을 맞기도 하는 고난에도 끝까지 인내했기 때문이다. 그들이 주님의 약속을 신뢰하고 그분을 떠나지 않았기 때문에 복음은 전파될 수 있었다.

오래전에 은퇴하신 어떤 목사님이 계셨다. 그 분은 은퇴하기 전까지 꽤 큰 교회에서 안정적으로 목회하시며, 설교자로서 많은 영향력을 끼쳤다. 그 분이 은퇴 후에 미국을 여행하시다가, 한 지역의 젊은 목회자들의 요청으로 이른바 '번개 세미나'를 인도하시게 되었다.

목사님은 그 세미나에 참석한 후배 목회자들에게 자신의 '실패 간증'을 들려주셨다. 아무런 실패 없이 잘 목회하다 은퇴하신 것으로 알려진 그 목사님이 마지막으로 섬기신 교회에 부임하기 전에는 몇 번이나 목회에 실패했다는 고백이었다. 목회를 포기할 생각까지 했다고 고백하셨다. 실패한 이야기만 듣는다면 그는 완벽한 실패자였다. 하지만 복음을 전하는 사명까지 내려놓을 수 없다는 생각에, 오십 중반이 넘은 나이에 공원이나 마트 앞에서 담대히 복음을 전하기 시작하셨고, 그곳에서 성령님께서 인도한 몇 사람들이 씨앗이 되어 지금의 교회를 이루었다고 간증하셨다. 결론으로, 누구나 은밀한 실패가 있겠지만, 인생은 아직 끝나지 않았다고 격려하셨다.

그 목사님은 마지막 교회를 개척하면서, 이전에 하던 목회방식과 달리 '복음과 진리' 외에 그 무엇도 선택하지 않았다고 말했다. 목사님은 선택의 갈등이 있을 때마다 "복음과 진리를 선택하면 실패해도 가치가 있다"라고 확신하셨다. 그 목사님은 설교와 지도력의 스타일 때문에 비록 이전 교회들에서는 실패자가 되었지만, 마지막으로 목회한 교회에서는 목사님의 설교가 최고라는 반응을 얻었다. 연약한 스타일의 지도력은 인격자라는 인정을 받게 하였다. 하나님은 이 목사님에게 '갈등 처리 훈련'을 시키시면서 완벽한 점프를 할 수 있도록 계획하시고 도우셨던 것이다.

실패를 통해 자신에게 연약한 부분을 찾아 복음으로 보강하고, 또 다시 점프를 준비할 수 있다면, 그 실패는 가치 있는 것이다. 그 목사님이 목회에서 실패를 거듭했을 때, 사모님은 목사님을 이렇게 위로하셨다고 한다.

"멋진 실패예요. 괜찮아요. 충분한 가치가 있었어요."

'멋진 실패'와 '충분한 가치', 당신도 이 두 마디만 잘 간직한다면 실패해도 즐거울 것이다.

고층 빌딩은 지하가 깊어야 한다

미국에 사는 한인 중에 외식사업에 성공해서 고향인 한국에까지 프랜차이즈를 다수 개설한 사람이 있다. 손님을 오래 기다리지 않도록 초밥 도시락을 빨리 만들어 점심 1시간에 하루치 매출을 내는 것으로 유명한 '스노우폭스'의 김승호 회장이다. 그는 1987년, 스무 세 살에 미국으로 이민 가서 17년 동안 일곱 번의 사업을 모두 실패했다. 그러나 여덟 번째 사업에 다시 도전해, 17년 만에 세계 11개국에 1,300개 매장을 열고 연 매출 8억 5천만 달러를 벌어들이고 있다고 한다.

그는 여덟 번째 사업을 시작하면서 갈등이 컸다. '그에겐 실패도 습관'이라고 조롱하는 사람들 때문에 다시 사업을 할까 말까 고민한 것이다. 하지만 그는 오래 갈등하지 않았다 '실패하면 또 돈을 모아서 될 때까지 사업을 다시 하자'라고 다짐하며, 단호히 새 사업을 하기로 결정했다.

그는 실패가 멋진 것이라고 믿는다. 높은 빌딩을 지으려면 지하에 기초공사를 하는 비용이 그만큼 많이 들어가는 것과 마찬가지로, 실패는 성공을 위한 기초공사 같아서 그만큼 가치 있기 때문이다. 그러니 몇 번 실패했다고 꿈을 포기하면 실패를 통해 얻은 자산은 묻혀버리고 성공할 기회도 없어지는 것이니 아깝지 않으냐고 말한다.

실패는 아프지만 멋진 것이다. 특히 믿는 자에게 '실패'란 하나님을 경험할 수 있는 절호의 기회이니 가장 가치 있는 일 중의 하나라고 말해도 과언이 아니다. 물론 실패한 사람에게 "당신이 실패했기에 성공했다"라고 말하면 기분 나빠 할 것이다. 그것이 어떻게 위로이겠는가? 하지만 그 말이 아주 틀린 것은 아니다. 믿음을 가진 사람들에게 주시는 '실패'는 영원한 승리를 위해 주께 돌아가게 하는 일시적 '과정'이자 '연단'일 뿐인 탓이다.

오토바이 묘기로 유명했던 이블 크니블Evel Knievel이라는 사람이 있었다. 그는 500미터 간격의 계곡 위를 오토바이로 점프해 넘는 묘기에 성공한 사람으로 여전히 기네스 기록을 보유하고 있다. 하지만 그가 이 기록을 내기 전에는 실패를 거듭했다. 만약 그가 실패한 후에 수치심에 싸여 도전하기를 피했다면 기네스 기록은 세우지 못했을 것이다. 그의 기록 대부분이 '멋진 실패' 이후에 세워진 것이기 때문이다. 그는 '멋진 실패'를 한 어느 날, 이런 유명한 말을 남겼다.

"저는 최선을 다했습니다. 언젠가는 성공할 것입니다"

나이테 많은 사람이 되고 싶다

인생 여정을 떠난 그리스도인은 그리스도와 동행하는 경주자가 되어야 한다. 그 길에서 넘어진 자를 만나면 일으켜 세워주어야 한다. 넘어진 자가 당신 때문에 일어날 힘과 용기를 얻고 격려받게 되면, 당신의 손은 그에겐 생명이고 희망이 된다.

내가 야고보서를 묵상하다가 은혜를 받은 구절이 있다. 누구나 넘어지고 쓰러질 수 있다는 걸 말씀하신 것이다.

우리가 다 실수가 많으니 만일 말에 실수가 없는 자라면 곧 온전한 사람이라 능히 온 몸도 굴레 씌우리라 _약 3:2

이 말씀에서 내 마음을 날마다 후벼 놓는 구절이 있다. 이 구절이다. "우리가 다 실수가 많으니." 이 구절은 이렇게 읽힌다. "우리 모두는 여러 모양으로 넘어지니." 실수가 없는 사람은 없으니, 당신이 넘어질 때 흉보는 사람이 있어도 무시하고 잊으라는 뜻이다. 다만 '말에 실수가 없는 자라면 곧 온전한 사람'이라는 말씀은 기억하자. 사람이 실수는 할 수 있지만, 조심은 해야 한다.

누구든지 넘어지겠지만, 주님은 당신이 넘어졌다고 버리지는 않으신다. 일으켜 세우셔서 사용하기를 원하신다. 주님께서 넘어진 당신이 일어서도록 격려하신다. 그러나 일어나려는 노력도 하지 않는 자는 주님이 사용하실 기회조차 얻지 못한다. 포기하는 사람은 평범한 사람에 지나지 않겠지만, 넘어졌다가 일어나는 사람은 특별하고 귀한 사람이다. 주님께서 당신이 일어나기를 기다리고 계셨다는 사실을 알게 된 사람이기 때문이다.

그런 의미에서 넘어지게 만든 당신의 연약함은 당신에게 자랑이 될 수도 있다. 다시 일어서기만 하면 실패도 간증이 될 수 있다. 당신의 아픔은 당신을 성장시키는 영광의 상처가 될 것이다. 이것을 아는 자는 상처의 흔적을 가지고서도 성장한다.

농구를 잘하는 사람의 손가락 마디를 살펴보라. 결혼반지가 들어가야 할 손가락을 다쳐서 결혼해도 반지를 끼지 못한다는 웃지 못할 사연은 농구 선수들이 거의 다 가지고 있다. 그런 게 영광의 상처다.

인생이란 상처를 치유한 나이테에 불과하다. 나이테 없이 성장하는 나무는 세상에 없다. 그래서 고목일수록 나이테가 많다.

알핀로제라는 아름다운 장미는 혹독한 겨울이 성장의 필수 조건이기에 눈 속에서만 핀다고 한다. 인생이라는 나무도 길고 어둡고 추운 겨울을 지나야 나이테 한 줄이 겨우 생긴다. 오래 인내하고 고통을 이기며 살아가다 보면 어느새 성장하는 것이다. 당신의 멋진 인생 나이테는 봄, 여름, 가을, 겨울, 1년 365일의 고난과 위기를 견딘 후에 만들어진다.

오늘 나에게 소원이 하나 생겼다. 사람들이 언젠가 나에게 '나이테가 많은 사람'이라고 말해주는 사람이 되길 기대하는 것이다. 다만 하나 더 바란다면, 그 나이테가 실패를 치유하는 나이테였으면 좋겠다.

암 투병 끝에 소천한 고 이관희 집사의 인생 마지막을 담은 다큐멘터리 영화 '교회오빠'를 보면 엔딩 장면에서 이 찬송을 들을 수 있다.

철저히 무너진 삶 속에서 하나님 나에게 역사하시고
믿음의 시선을 허락하사 주를 주목하게 하시네.

때로는 견디기 힘들 때도 하나님 언제나 함께하시며

은혜와 진리의 성령 주사 주만 바라보게 하시네.

내가 봅니다. 영원한 주를 봅니다.

귀로만 들었으나 이젠 봅니다.

내가 봅니다. 존귀한 주를 봅니다.

연약한 내 영혼이 이젠 주를 봅니다.

_이원진 곡, '욥의 고백'

10

;

날개가 부러져도 붙들리면 산다

자유보다 속박을 선택한 이유

내가 어릴 때, 아버지는 집에서 금계와 구관조라는 새들을 키우셨다. 새들이 번식력이 좋아, 수개월 후에는 새장이 좁아져 새들을 방사하기로 했다. 방사하던 날, 새들은 화려한 날개를 펴고 성북동 하늘을 돌다가 북악 스카이웨이 방면으로 훨훨 날아갔다. 높고 푸른 성북동 하늘을 비상한 새들이 자유를 만끽하며 원을 그리고 유유히 날아, 한 마리씩 내 시야를 벗어났다. 하지만 다음 날 아침, 나는 깜짝 놀랐다. 방사한 새들이 언제 돌아왔는지, 모조리 익숙한 삶이 있는 우리집의 새장으로 돌아온 것이다.

내가 선교지에 있었을 때도, 미국에 처음 왔을 때도, 새로운 곳에 정착할 때마다 늘 적응하느라 고생했던 기억이 난다. 모든 게 낯설고 두렵기까지 했다. 그럴 때마다 나는 집에 가고 싶었다. 구관조들이 돌아왔던 성북동 그 집 같은 곳 말이다.

가나안 땅을 정탐했던 이스라엘 정탐병들이 가나안 군인이 거인 같더라고 보고하고 난 후, 이스라엘은 가나안을 점령할 수 있다는 소망을 버렸다. 이스라엘은 구원의 기회를 스스로 포기하고 만 38년의 광야 생활을 선택했다. 두려운 가나안보다 편안하고 의식주 걱정은 없던 이집트 생활이 떠올랐던 이스라엘 사람들처럼, 성북동의 새들도 스스로 자유를 포기하고 속박을 선택했던 것 같다. 인생들도 마찬가지다. 두렵다고 자유를 포기한다. 두려움이 자유를 포기하게 하는 가장 큰 힘인 것이다.

공포를 이겨내는 것은 누구에게나 큰 도전이다. 그래서 성북동 시절의 새들처럼, 인생도 걱정과 공포라는 유리 천정에 막혀 훨훨 날 수 있는 자유를 포기하고 속박의 새장으로 돌아오는 경우가 많다. 그러나 속박을 벗어나 자유를 찾으려면 안주하던 삶의 유혹을 떨쳐 버리고, 광야로 나오는 용기를 내는 길밖에 다른 길이 없다.

물론 광야 같은 세상은 녹록지 않다. 새장에서 살던 새들에게는 처음 대하는 새로운 환경도, 세상의 새들도 모두 두려울 것이다. 그러나 그 모든 것과 싸워야 한다. 일부는 생존 본능을 따라 세상과 타협하며 적응하는 편을 택한 새도 있었을 것이다. 생존을 위해 약육강식의 법칙을 선택하는 새는 자신도 모르게 새장이 있던 집은 잊어버릴 것이다. 그리고 세상의 새와 동화될 것이다. 사람도 그런 새와 같다면 하나님의 존재와 사랑에 관한 믿음은 잊어버리고, 어쩌면 죄의 올가미에 걸려들어 자신도 죄인이 되고 말 수 있다. 나쁜 사람을 만나 요셉처럼 노예로 팔려 가거나, 악당에게 착취당할지도 모른다.

세상은 거짓이 난무하고 정당하지 않을 때가 있다. 살기 위해 남의 것을 훔치고 속이기도 하며, 배신하고 분당을 짓기도 하고, 심지어 살인까지 한다. 이토록 위험한 세상에서 타협하지 않고 적응하기란 힘들다. 타협하지 않으면 바로 표적이 되어버리고, 표적이 되면 살아남기 어렵다. 그래서 우리는 세상에서 버림받는 것이 두렵다. 심하면 생존이 걸린 문제이기 때문이다. 그런 의미에서, '세상에서 산다'라는 말은 자신을 두렵게 만드는 것으로부터 결코 자유하지 못하다는 뜻일 수 있다. 버려지는 것의 두려움, 인정받지 못하는 것의 두려움에서 자유로운 사람은 아무도 없다.

사람은 간혹 자신의 욕망과 지독히 나쁜 습관으로 인해 사회에서 실수하고 실패하고, 이혼하거나 사랑하는 이를 잃는 일로 인해 삶이 무너지는 공격을 당할 수 있다. 결혼에 실패하고, 사업에 실패하고, 친구에게 상처받고, 직장 상사에게 수치스럽고 불공정한 대우를 받고, 동료가 당신의 치적을 빼앗아 가는 일을 당하면 슬프고 분하지만, 그것보다 '이 일 때문에 혹시 세상에서 낙오될까' 하는 두려움이 먼저 몰려올 수 있다. 심지어 교회에서도 인정 못 받을까 하는 걱정에 잠을 설친다. 내가 한 잘못에 대한 세상의 보복이 두렵고, 얼굴 들고 당당히 살 자신이 없고, 실패자로 낙인찍혀 '재기할 수나 있을까?' 하는 걱정이 밀려오면, 그날 밤은 잠 못 드는 새하얀 밤이 되고 만다.

두려움보다 자유를 선택하라

세상의 손가락질이나 받을 비천한 삶을 원하는 사람은 아무도 없다. 하지만, 인생의 바닥에서 벗어나고 싶어도 싸울 용기를 내기가 쉽지 않다. 감히 싸우지도 못하고 조용히 속상해하며, 홀로 상실감과 분노를 삼키고 만다. 세상에서 버림받기가 두렵기 때문이다. 그런데 역설적으로, 그렇게 해서 생긴 두려움은 세상이 싫어지게 하고 삶의 의욕을 잃게 만들고, 인생에 위기마저 선사한다. 그러면 어떻게 해야 하는가? 당연히 두려운 세상을 극복해야만 한다. 당신의 인생은 여기서 끝이 아니기 때문이다.

마케도니아의 필립포스 2세는 청동 방패와 갑옷과 투구와 무릎 보호대로 전신을 무장한 병사들이 촘촘히 붙어서 전투하는 기존의 팔랑크스 전투법을 개혁하고자 했다. 그것이 많은 수의 군사가 적을 압박하는 전술이었지만, 대열이 흐트러지게 되면 적에 제압당하기 쉽기 때문이었다. 게다가 무거운 갑옷을 입고서는 그리스가 유럽과 아시아를 통합하기에는 부족하다고 판단했다. 기동성의 문제가 우려된 것이다. 그는 군사들의 무릎 보호대를 없애고 방패는 작게 만드는 대신, 5미터나 되는 긴 창으로 공격하는 전투법을 고안했다. 이 혁신적인 전투 방법이 결국 성공했다.

필립포스의 군대는 초기에는 그리스를 통합하고 지역에서 강했다. 그래서 익숙했던 무장 방법을 버리는 대신, 들기 무거운 긴 창으로 싸우는 새로운 방법에 대한 부담이 사실 있었다. 하지만 1년 동안 5미터의 긴 창으로 공격하는 훈련을 강하게 실시하여, 유럽을 제패하는 데 성공했다.

두려움의 속박보다 자유를 믿으면 승리할 수 있다. 그것이 믿음이다. 다윗이 사울이 주는 갑옷을 사양하고 골리앗을 향해 작은 돌을 던져 이긴 것처럼, 합리적으로 가벼워진 몸으로 행동이 자유로워야 무거운 두려움을 날려 버릴 수 있다. 익숙한 불합리가 편하다고 여전히 속박을 선택하는 인생은 결코 두려움을 이길 수 없다.

두려움과의 싸움은 사실 불합리와의 싸움이 아니고 합리화와의 싸움인지도 모른다. 합리적으로 가벼워져야 불합리한 싸움에서 이길 수 있기 때문이다. 하지만 합리화를 이루는 싸움에는 마음속에 두려움이 먼저 밀려온다. 필립포스의 군대가 새 무기를 쓰는 것이 미덥지 않던 것과 같다. 그러니 공포를 극복하고 위기라는 적과 싸워 이기려면, 더 위험한 '마음속의 두려움'부터 이겨내도록 혹독한 훈련이 필요하다. 그것은 다윗처럼 돌을 던지는 연습이거나, 그리스 군대가 자기 키보다 긴 창을 던지는 연습일 수 있다. 훈련을 통해 옛 전통보다 새 전통에 더 익숙해지도록 피나는 노력이 필요한 것이다.

강한 훈련은 믿음과 자신감을 회복하기 위해 필요하다. 골리앗보다 큰 적 앞에서도 담대히 싸울 준비가 되었던 다윗처럼, 우리도 훈련되어야 한다. 다윗은 소외당하고 외로운 목동이었지만, 매일같이 혹독한 돌팔매질 훈련을 하여 준비돼 있었다. 그는 심지어 사자와 곰과도 싸워 양을 지키면서, 어쩌면 골리앗과 싸울 때보다 담대한 내공을 길렀다. 극한의 두려움도 이겨낼 훈련이 돼 있었다.

그런 점에서 신념을 가지고, 새로운 방법으로 불확실한 미래에 도전하는 것이 두려움을 극복하는 길이다. 그리스도인이 신념으로 도전한다는 말은 주님의 능력을 신뢰하는 믿음을 가졌음을 증명하는 것이기도 하다.

추락하는 인생과 비상하는 인생의 차이

새가 먼 목적지를 향해 날아가다 보면 매복한 적들의 예상치 못한 공격을 받을 수도 있다. 하필 그때가 오래 날아온 시점이라면 많이 지쳐 있어서 싸움에 대처하기 힘들지도 모른다. 그런 상황에서 중요하고 필요한 것은 정신력과 체력이다. 지쳐 있을 때라도, 갑작스러운 공격을 이겨낼 전투력과 정신력과 육신의 힘을 길러야 한다. 힘이 있어야 인내할 수도 있다. 그 힘은 역설적으로 정신력에서 비롯된다. 그리스도인에게 정신력이란 영력, 즉 영적 능력이다. 영적 능력은 성령이 주시는 힘과 직결된다. 그러므로 영적으로 건강하지 못하면 모든 게 마비된다.

인생은 새처럼 하늘을 날다가도, 영적 날개가 부러지면 바로 추락하고 만다. 명심할 것은, 추락한 경험이 당신에게만 있는 것이 아니라는 사실이다. 인생은 누구든 날개가 부러질 수 있고 추락할 수도 있다. 누구에게나 고난이 있는 것처럼, 추락도 누구에게나 있을 수 있다. 하지만 결국 다시 비상하는 사람은 삶을 포기하지 않았기 때문인 것을 기억하면 좋겠다.

성경에는 부러진 날개 때문에 추락한 인생을 회복시켜, 다시 비상하게 하시는 하나님의 능력의 이야기로 가득하다. 또한 사람이 추락했던 순간을 기억하고 회개하도록 하신 이야기로도 가득하다.

아브라함은 우상숭배로 날개가 부러져 추락했다. 하지만 하나님은 그를 이스라엘 민족의 시조로 사용하시려고 그의 날개를 고쳐 주셨다. 요셉은 시기와 질투라는 외부의 공격으로 날개가 부러졌지만, 하나님께서 수십 년에 걸쳐 그의 부러진 날개를 회복시켜 주시고 제국의 총리로 삼으셔서 이스라엘을 구원하는 도구로 사용하셨다.

모세는 분을 삭이지 못하고 살인자가 되어 그의 날개를 좀 심하게 부러뜨린 적이 있다. 그러나 하나님께서는 그가 동족을 자유롭게 하는 구원의 지도자가 되도록 영적 날개를 회복시켜 주셨다. 입다는 불륜의 사생아로 태어나 날 때부터 날개가 부러져 있었지만, 여호와께서는 그를 선지자로 회복시키셨다.

'큰 자'라 불리던 사울은 깨끗한 양심과 충성심을 가지고 유대 종교를 열심히 섬겼지만, 교만과 연약한 영적 분별력 때문에 하나님께서 그의 날개를 잠시 부러뜨리셨다. 그럼에도 불구하고 천성적으로 모든 일에 순수하고 열정적이던 그는 사도로 쓰임받았다. 하나님께서 사울의 날개를 다메섹 도상에서 잠시 부러뜨리셨어도 회복시켜 작은 자 바울이 되게 하신 것처럼, 당신의 날개가 잠시 부러졌어도 주님은 당신을 회복시켜 사용하실 것이다.

바울은 자신의 몸에서 빠지지 않는 가시(안질이거나 간질 같은 몸의 질병으로 추정되는 것)를 통해서 오히려 그리스도 외에 다른 것은 배설물로 여기는 믿음을 가지게 되었고, 주님 없이는 자신이 연약한 자일 수밖에 없음을 늘 기억했다.

우리에게 박힌 가시는 고통과 환난의 도구가 아니다. 우리가 날개가 부러져 추락했던 순간을 기억하며, 겸손함으로 회복하여 비상하기를 원하시는 하나님의 은혜의 징표다.

바울은 그리스도를 핍박했으나 사도로 부름받은 것, 곧 부러진 날개를 회복시켜 주신 은혜를 기억함으로 매일같이 다가오는 고통과 시련과 상처에도 변함없이 사명을 감당할 수 있었다. 그래서 그는 복음 전하는 일 외에는 자신이 아무것도 아님을 증명하는 삶을 살 수 있었다.

타락한 세상에선 악인만 추락하는 것이 아니다. 억울하지만 의인도 추락하게 하신다. 그러나 의인이 추락하는 중에도 함께하시는 주님은 그를 위로하고 격려하실 뿐만 아니라, 다시 일어날 소망과 힘까지 주신다. 우리는 주님이 우리와 함께하시는 것을 확신함으로 추락의 고난도 이겨낼 수 있다.

날개가 부러져도 붙들리면 산다

오래전 김동호 목사님께서 안식년을 보내는 동안 뉴욕 퀸즈에 있는 퀸즈한인교회에서 설교를 한 적이 있으셨다. 그때 갑자기 새 한 마리가 예배당에 날아들어 목사님이 설교하시는 내내 푸드덕하고 날았다. 신경이 쓰여 예배를 진행할 수 없었다. 그래서 목사님께서 설교를 잠시 멈추고, 길을 잃고 예배당에 들어온 새를 어떻게든 잡아서 놓아주기로 했다. 하지만 천장 높이에서만 날아다녀 잡을 수 없었다. 내려와서 잡혀야 내보내 줄 텐데, 내려오지 않은 것이다. 할 수 없이, 신경은 좀 쓰였지만 예배를 진행하기로 했다. 그리고 무려 며칠 뒤, 그 새는 힘을 다 소진한 후에야 비로소 추락했다. 그래서 교인들 손에 잡혀 풀려났다.

세상의 법으로는 잡히면 죽고 안 잡히면 산다. 하지만 하나님 나라 법으로는 잡혀야 살고 안 잡히면 죽는다. 힘이 남아 있다고 푸드덕대고 도망만 다니면 결국 고생만 하고 기진맥진한 채 죽는다.

고난 가운데 있을 때는 힘을 빼고 내려와야 산다. 자신을 내려놓고 주님 손에 붙들리면 살 수 있다. 주님께 붙잡히는 것을 두려워하지 말자. 우리가 생명을 유지할 유일한 방법은 그분께 붙들리는 길 외에는 없다. 힘이 다 빠지고 부러진 인생 날개의 소망은 오로지 생명이신 그리스도이시다. 그분의 손에 잡히면 위기에서도 자유를 얻을 수 있다. 예배당 천장에서 내려오지 않다가 추락한 새가 교인들의 돌봄을 받고 힘을 얻어 다시 자유를 얻은 것처럼, 내려와서 붙잡히는 게 최고의 사랑을 받는 길이다.

세상은 추락하는 고난으로부터 피할 방법이 따로 있다고 말한다. 굿을 하거나 부적을 사서 가지고 다니면 된다는 것이다. 그 말은 사기다. 거짓이요 속임수다. 고난은 결코 피할 수 없다. 하지만 고난의 위기에서도 구원의 소망을 가질 수는 있다. 주님이 함께하시면 고난을 이겨내는 힘을 얻어 어떤 환란도 이길 수 있기 때문이다. 위기가 시작될 때부터 함께하신 주님께서 위기를 이겨낼 수 있는 평안을 주시고, 힘내라고 격려해주신다.

학창 시절에 당구를 배운 적이 있다. 실력이 비슷한 친구들에게 훈수를 둘 때는 내 실력이 고수처럼 보였다. 하지만 막상 내가 게임에 들어가면 생각처럼 잘 풀리지 않았다. 선배가 한마디 중요한 힌트를 주었다.

"흥섭아, 힘 빼! 당구는 힘 조절이 생명이다. 욕심이 생기면 힘이 들어가서 못 치게 된다."

진리다. 힘을 빼야 한다. 그래서 욕심에 눈이 멀면 죽음이다. 욕심과 교만이 사라져 순종하게 될 때만 주님께 붙들려 힘 안 들이고 살 수 있다. 그래서 주님은 때로는 나의 날개를 부러뜨려서라도 주님의 힘을 의지하지 않고는 살 수 없도록, 내 힘이 모두 빠져 떨어질 때까지 기다리신다.

날개가 부러져 추락하는 인생이 돼 고생만 하는 어두운 시간을 지나고 있다고 해도, 두려워 말고 걱정하지 말자. 당신이 주님 손에 잡히기만 하면 그만이다. 주님이 개입하시면 어떤 환난도 극복할 수 있다. 비록 상처받고 한동안 고통과 시련 속에 있겠지만, 내 힘이 아닌 주님의 힘으로 두려움을 극복하면 된다. .

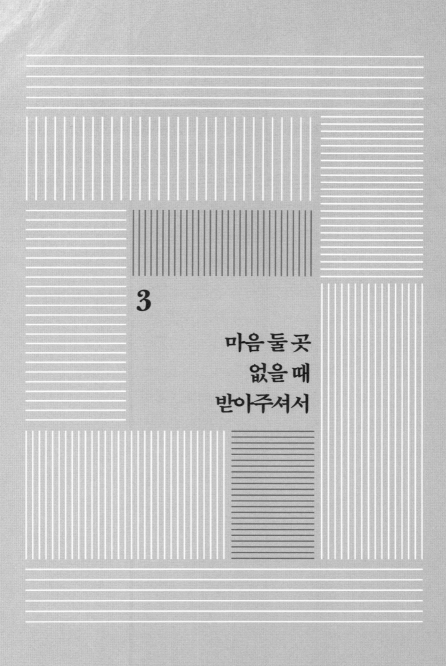

3

마음 둘 곳
없을 때
받아주셔서

11

격과 결이 무너진 미생의 세상에서

파괴된 삶의 터의 격과 결

삶의 터, 세상은 원래부터 전쟁터가 아니라 하나님 나라다. 그런데 사탄은 교묘하게 주의 터를 침범했다. 그 터의 전쟁은 너무도 치열하다.

최근 몸이 좀 불편해서 누워서 쉬는 며칠 동안, 한국에서 방영된 지 수년이 지난 '미생'이라는 드라마를 시청했다. 드라마 미생은 직장을 전쟁터로 그렸다. 조곤조곤 말하는 목소리를 통해 보여주는, 겉으론 보이지 않는 치열한 심리전이 꼭 성경에서 보여주는 전쟁 이야기 같다. 드라마조차 하나님의 터와 세상의 터 사이의 전쟁을 이해하는 데 도움이 되도록 만들어진 것으로 보아, 세상은 이미 하나님의 터를 교묘하게 전쟁터로 만들었음을 알 수 있었다.

그 드라마는 직장생활을 그린 것이었지만, 실제로는 우리 삶에서 일어나는 인간의 격과 결의 전쟁을 그려낸 것이었다. 인간의 본 모습을 직장인에 비유하여, 그들 사이에서 일어나는 시기와 질투, 가식과 거짓, 그리고 남을 이용하여 성공하려는 인간의 악하고 비열한 모습을 그렸다. 성공하기 위해 남의 공로를 훔치고, 빼앗고, 속이고, 고통받게 하는 나쁜 인간의 온갖 더러운 행동과 그릇된 가치관이 적나라하다. 그 잘못된 가치관이 인간을 욕심과 욕망이 가득한 사람으로 만들었다.

그 드라마뿐 아니라 다른 드라마들 역시 인간이 가지고 있는 모든 죄를 보여준다. 특히 인간이 쓰고 있는 가면 뒤에 있는, 보이지 않는 인간의 간교함과 이중성을 고스란히 보여준다. 아담과 하와의 이야기부터, 새 하늘과 새 땅이 임할 때 심판받는 가증스러운 인간들의 모습 같아 보인다. 우리는 이미 그렇게 학습된 세상에서, 혼미한 상태로 격과 결의 싸움을 하고 있다.

어깨동무사역회의 대표이신 이승종 목사님은 그의 글 '사람과 삶'에서, '삶'은 '사람'의 준말로서 '하나님의 형상, 그 격과 결의 생명적 조화의 하나됨'이라고 표현하셨다. 세상은 언제나 그랬듯이, 격이 무너지고 결이 깨지면서 갈등과 아픔과 상처를 남긴다고 그는 말했다. 격은 삶을 지탱하는 인격의 뿌리이고, 결은 서로를 믿는 관계성 속의 '무한 행복 나눔의 힘줄'이라고 한다. 그래서 격이 흔들리면 정체성이 의심받을 수 있고, 결이 약하면 이웃이 없어지는 다툼으로 거칠고 삭막해진다고 그는 말한다. 결국, 결은 세상을 따뜻하게 하고 결이 고운 사람과 살아가게 하며, 격이 반듯한 사람을 만나면 행복을 나눌 수 있게 되는 것이다. 그렇다면, 우리는 예수 그리스도의 격과 그의 사랑의 결의 삶을 사는 것이 최상의 방법임을 알게 된다.

자기 욕망만 중요한 세상에서

욕망이 가득한 사람은 꼭 뭔가에 중독된 사람 같다. 집요하게, 무슨 수를 쓰더라도 반드시 얻어내려 한다. 마약에 중독된 자가 마약을 투약하려고 사악한 인간으로 변하는 것이 그런 예이다.

드라마 미생에 인간의 가치관을 설명하는 대사가 있었다.

"샐러리맨한테 승진과 월급 빼면 뭐가 있겠나?"

이 대사는 세상의 가치가 돈과 명예를 위한 모든 관계에 달려 있다고 단정하는 것이다. 타인을 위한 배려나 양보나 협력이나, 타인의 상처 따위는 안중에 없다. 인간은 자신의 욕망만 중요한 삶을 산다. 자신만 보게 되고, 관계를 맺어도 자신에게 유익한지 아닌지부터 판단하는 삶 속에서 우리의 격과 결이 파괴되었다. 행복은 사라졌고 세상은 어두워졌다.

그런 세상에서 때로 우리는 부당한 취급을 받기도 하고, 자신의 진가를 인정받지 못하기도 한다. 재능이 많아도 무시당하고, 유능해도 인정받지 못하며, 총명해도 일에서 배제를 당하고, 성과마저 빼앗기는 불이익을 당하고, 보상받을 가치가 있는데도 보상받지 못할 수 있다. 그런 일이 일상화되어가는, 말하자면 격과 결이 파괴된 세상을 살고 있는 것이다. 나의 존엄은 철저히 무시당한 채, 절망과 실의 속에서 오늘을 보낸다. 그런 삶에 희망은 보이지 않는다.

그렇다. 격과 결이 무너진 세상에는 소망이 없다. 숨쉬기도 힘든 고단한 하루만 기다릴 뿐이다. 우리는 격과 결이 무너진 곳에서, 소중한 하루마저 소망 없이 살았다.

내가 고등학교 다닐 때 일이다. 학교 선생님 가운데 유난히 격과 결이 무너진 분이 계셨다. 나를 향한 그 선생님의 해코지가 도를 넘어 나를 힘들게 했다. 그 교실은 격과 결이 파괴된 나의 삶터였고, 나는 학교에 가기 싫었다. 나는 방황했다.

나의 삶터만 드라마 미생처럼 격과 결이 무너진 곳일까? 만약 당신의 직장 상사가 원수 같은 사람이라고 가정하자. 그 상사 때문에 생긴 내면의 분노와 억울한 감정은 당신의 의욕마저 빼앗아 간다. 제대로 대우받지 못하며, 승진도 되지 않는 충실한 당신을 상처와 우울의 웅덩이로 빠지게 한다. 게다가 그 원수는 당신에게 이렇게 말한다.

"내가 예전에 말했잖아! 네 분수를 알라고. 사람들은 너를 인정하지 않아. 너에겐 아무도 관심이 없단 말이야! 넌 이제 끝났어. 네가 할 줄 아는 게 뭐야? 실력도 없는 게, 인정받기는 힘들 거야."

잊을 만하면 찾아오는 적

길가에 핀 들꽃이 사람들에게 짓밟혀 간신히 생명을 유지하고 있는데, 그런 꽃만 찾아 밟아서 숨통을 끊으려는 못된 아이처럼, 세상은 당신을 철저히 밟으려 한다. 자신만 더 빛나기 위해서다. 당신이 삶에서 원수의 이런 속삭임을 듣게 되면, 괴리감에 싸인 당신은 아무도 보지 않는 조용한 공간을 찾을 것이다. 관계에 지쳐서 아무도 없는 곳이 편해지기 시작하고, 사람을 피하게 된다. 무기력한 직장생활을 하는 당신에게 원수는 끊임없이 공격을 퍼붓는다.

"예수 믿으면 다냐? 실력도 있어야지. 그냥 자진해서 사퇴하지 그래! 그것도 몰라? 몇 번을 말해줘야 아냐? 중학생 가르치는 게 더 낫겠다. 너처럼 실력 없는 이가 어떻게 이곳에 있지? 오, 이런! 너 혹시 백으로 들어왔니?"

당신은 이제 연민이라는 적 앞에서 자아에 치명적 손상을 입게 된다. 정말 힘든 것은, 자기연민은 잊을 만하면 나타나서 나를 더 작아지게 만든다는 것이다. 자기연민에 스스로 사로잡혀 있는 동안, 당신의 시무룩한 얼굴이 미소를 대신하게 된다. '내가 실패자로, 문제아로 알려지면 어쩌지?' 하는 고민에 당신은 더 작아지고 만다. 너무도 비참하다.

이런 일이 생기면, 다음부터는 당신이 기쁜 마음으로 타인을 향해 "OK" 대답하는 일은 사라지고, 모든 일에 짜증과 비판부터 나올 것이며, 분노와 미움과 의심과 원한의 파도가 왕따의 열등감을 채우려는 당신을 오히려 직장의 그 원수처럼 이기적인 사람으로 만든다. 연민이라는 늪에서 살아나려고 허우적거릴 때마다 더 깊은 수렁으로 빠지게 될 것이며, 요나가 암흑의 바다에서 물고기 입 속에 먹히듯이, 죽고 싶은 욕구 앞에 서 있는 자신을 발견하게 된다.

하지만 상상도 하지 못할 은혜를 기억하자. 세상에서는 강함이 자랑이지만 주님 앞에서는 약함이 자랑이기에, 한 알의 밀알이 땅에 뿌리 내리고 새싹이 돋을 때는 땅이 아픈 것을 기억하자. 그리고, 많은 열매를 맺기 위해 한 알의 밀알이 되라는 주님의 말씀을 기억해보자.

세상은 고통의 삶을 살게 하지만, 격과 결이 있는 하나님 나라는 소망의 삶을 살게 한다. 물이 변하여 포도주 되듯, 당신의 연약함은 변하여 축복이 될 것이다. 그러므로, 사람들은 비웃어도 다윗처럼 춤추자.

미생의 주인공 같은 신세

성경에 미생의 주인공 같은 사람이 등장하는 드라마가 있다. 엘리야이야기다. 그의 직장은 이스라엘이었다. 그의 업무는 이스라엘의 하나님이 참 하나님이심을 알리는 것이었다. 그는 부득이하게 아합과 바알의 선지자들과 치열한 신경전을 벌여야만 했다.

역사상 가장 악한 여왕인 이세벨과 850명의 바알과 아세라의 선지자들은 우상숭배라는 부정을 저지르려는데, 이스라엘이라는 직장에서 일 잘하고 똑똑하고 성실하고 진실한 엘리야가 걸림돌이 되었다. 그를 눈엣가시로 여겼다. 850명의 우상숭배 선지자들에게는 일자리가 없어질 것 같은 불안과 경계심이 가득했다. 그래서 하나님 나라의 엘리트 코스를 밟은 능력 있고 신망이 두터운 엘리야 선지자를 죽이려 했다.

이세벨은 놀랍게도 그 회사 사장의 아내였는데, 그녀가 우상숭배에 걸림돌이 되는 엘리야를 처리하기 위해 엘리야 주변의 선지자들을 미리 제거하고, 갈멜산에서 850명의 선지자들과 혼자 싸우도록 싸움을 붙였다. 하지만 그만 850명이 다 지고 말았다. 얼마나 분했을까….

중견사원 엘리야는 그 싸움에서 혼자라고 생각했는데, 알고 보니 그 회사를 설립하신 '진짜 주인, 회장님' 여호와께서 친히 싸우셔서, 큰불을 내려주셔서 승리했다. 그때 직원들인 이스라엘은 '아, 저분이 진짜 사장님이시구나'(아, 하나님만이 참 하나님이시구나) 하는 걸 깨닫고 엎드렸다. 회사가 회복되어가는 분위기였다.

그런데 승리의 기쁨도 잠시, 회사를 날로 먹으려는 이세벨이 착한 직원 엘리야에게 "오늘 밤 안에 너를 죽일 것"이라고 위협했다. 그러자 엘리야는 지금까지 혼자 싸우느라 지쳐서 그랬는지 갑자기 두려워졌다.

사실 엘리야는 직장생활을 하는 동안 쓸데없는 일에 힘을 소진하느라 지쳐 있었다. 지독한 압박과 위협과 시기와 질투로부터 오는 경계심이 그를 두려움에 떨게 했고 지치게 했다. 그로 인한 피로는 의욕까지 앗아가 버렸다. 그는 결국 그 직장에서 150킬로미터나 떨어진 브엘세바까지 도망갔다. 오랫동안 먼 길을 가느라 몸과 마음이 모두 쇠약해진 상태여서 정신은 혼미했다.

그는 추적추적 음산하게 내리는 가랑비를 맞으며, 터벅터벅 외롭게 로뎀나무 아래로 걸어갔다. 너무나 분하고 허전한 길이었겠다. 지친 그는 로뎀나무 아래에서 쓰러졌다. 의식을 차릴 의지조차 없어 보였다. 자기연민에 사로잡혀 울기 시작했다. 숨도 쉬기 힘든 상태에서 요나처럼 울부짖었다.

"회장님, 넉넉하오니, 지금 나를 잘라주소서. 언젠가는 은퇴할 것인데, 차라리 지금 퇴사하는 편이 더 낫겠습니다."

그는 자신이 하나님을 위하여 열심히 일했으나, '안 될 놈, 부족한 놈'이라고 자책했다. "차라리 죽여주십시오"라고 간청했다. 이스라엘이 주의 약속을 버리고 주의 단을 헐며 칼로 주의 선지자들까지 죽였는데, 그걸 막지 못하고 자기만 살아남았다는 것을 자책한 것이다(왕상 19:10). 이는 마치 목회자가 "주님, 저 목회 힘들어요. 죽여 주세요"라고 기도하는 것과 마찬가지 아닐까. 이런 기도를 만약 교인들이 듣게 된다면 '그 목사님 더 성장해야겠네. 목회자가 광야 길을 가기로 각오해야지…' 하는 식으로 평가절하할지 모르겠다.

그러나 하나님께서는 이 기도를 듣고 어떻게 반응하셨을까? 하나님은 그 기도를 너무도 기쁜 마음으로 들으셨다. 어떻게 보면, 엘리야가 850명의 거짓 선지자를 무너뜨렸을 때, 일을 잘 해낸 엘리야에게 하나님이 "우리 회사는 너 같은 엘리트가 필요해!"라고 칭찬하시며, 그를 가장 좋은 조건으로 승진시키셨을 것 같은데, 그러지 않으셨다. 하나님은 오히려 철저히 내려놓은 엘리야의 이 순간을 기다리셨던 것이다.

그는 하나님의 일을 위한 도구만이 아니었다. 그의 활약을 원하셨던 것이 아니다. 하나님과 엘리야의 관계는 유익으로 맺어진 관계가 아니라 사랑으로 맺어진 것이었다. 엘리야가 순수하게 예배자로 자신을 드리며 사는 삶, 거룩한 삶 자체를 원하셨다. 갈멜산의 영적 체험은 물론 중요했지만, 그에 대한 하나님의 관심은 영적 체험, 영적 활약, 영적 스펙이 아니었다. 하나님의 관심은 엘리야의 삶과 마음 그 자체였다. 그래서 하나님은 엘리야가 상한 마음을 쏟아 놓을 때를 기다리셨다.

로뎀나무 아래가 종착지일까?

엘리야는 로뎀나무 아래에서 자신을 적나라하게 보았다. 자기연민의 늪에 빠져 영적으로 바닥을 친 그는 영의 눈이 어두워져, 의심과 실망과 죽고 싶은 욕구 앞에 서 있었다. 그의 눈에 자신의 비참한 모습이 보였지만, 하나님은 보이지 않아 큰 낙심에 빠졌다. 고립된 상황에서 혼자 남아 있다는 불안감이 하나님을 볼 수 없도록 그의 눈을 가린 것이다. 로뎀나무 아래로 가는 길은 그의 남은 영성까지 빼앗는 길이 되었다.

보기엔 능력 있는 영적 지도자 같고 용감한 엘리야였지만, 실제로는 하루하루를 간신히 버티고 있었다. 그런 상황에서 싸워야 했던 엘리야는 하나님께서 그를 위해 7천 명을 준비하신 것을 보지 못했다. 피로했고 두려웠기에, 선지자의 삶도 포기하고 순식간에 죽음까지 각오하기에 이르렀다.

인생은 누구나 한 번쯤 로뎀나무 아래로 내려갈 수 있다. 하지만 로뎀나무 아래로 가는 길이 인생의 마지막은 아니다. 당신이 사명자의 길을 걷다가 지쳤다고 해서, 환난과 위기를 맞이해 고난 가운데 있다고 해서 모든 게 끝났다고 생각하지는 말자. 당신이 지금 선 곳은 부르심의 재출발선이다. 엘리야는 비록 도망쳤지만, 그가 선 산은 놀랍게도 호렙산, 곧 하나님 앞으로 가는 여정에 있는 산이었다.

사람들은 보통 인생을 살면서 자신이 경험하고 본 것이 진리이고 옳다고 착각한다. 그래서 자신이 옳다고 믿었던 어떤 일이 계획대로 안 되거나, 진행하는 과정에서 돌발 상황이 발생하면 대개 무너진다.

그러나 하나님은 엘리야에게 그렇게 하셨듯이, 무너져 상한 마음으로 드리는 우리의 온전한 헌신을 계획하셨고, 실패해서 모든 것의 끝인 줄 알았던 로뎀나무 아래에서 일으켜, 출발선인 호렙산 앞에 우리를 세우신다.

예수 그리스도의 격과 그의 사랑의 결이 담긴 당신의 삶은 이미 계획되어 있다. 그러므로 당신이 지금 자기연민에 빠져 있을지라도, 새롭게 희망을 품고 출발선에 서도 될 것이다.

12

;

편견과 자기연민의 늪에 빠지면

================================

고기 익기 전에 먹어버리는 얄미운 친구

언젠가부터 나는 마음이 넉넉한 사람을 부러워했다. 나 자신이 후덕한 사람이 아니어서 더 그런지 모르겠다. 반대로 욕심이 많은 사람은 불편했다. 내 것을 빼앗길 것 같은 걱정 때문이었다.

　대학생 때 친구들과 고깃집에 가면 고기가 채 익기 전에 날름 먼저 먹어버리는 친구가 있었다. 너무 얄미웠다. 알고 보니 그가 형제가 많은 집에서 자라 생존경쟁이 몸에 밴 것이었다. 경쟁이 나쁜 것은 아니지만, 지나치면 남에게 상처를 안길 수 있다. 경쟁이 심한 사람은 배려를 배우기 힘들어 배려에 익숙하지 않을 것이다. 그런 의미에서 경쟁도 일종의 욕심이 될 수 있다. 욕심쟁이를 만나면 피곤하다.

　반대로. 고등학교 동창이자 대학교까지 동창이 된 친구 중에 나의 삶의 동반자가 되어준 친구가 몇 있다. 그들은 내게 준 것이 없다고 늘 말하지만, 내가 그들에게 준 것보다 받은 것이 더 많았다고 나는 기억한다. 그들도 풍요로운 형편이 아니었음에도 나에게 많이 나눠준 것을 잊지 못한다.

사람들은 넉넉한 마음을 가진 사람일수록 성장 배경이 넉넉했을 거라고 짐작한다. 하지만 반드시 그런 것은 아니다. 부요한 자나 가난한 자나, 누구나 성령님이 임하시면 넉넉한 마음, 남을 배려하는 마음을 가질 수 있다. 마음을 주께 향하고 믿음을 가질 때, 노력과 훈련으로도 인격은 얼마든지 변한다.

만약 내가 예수님을 만나기 전의 삭개오와 함께 고깃집에 갔다면, 그는 어쩌면 고기가 익기도 전에 홀랑 먹어버리는 왕재수 욕심쟁이 친구였을 것 같다. 성경이 소개한 그의 흑역사를 보면 그가 욕심쟁이처럼 묘사되어 있어서 상상한 이야기이다. 그는 왜 욕심쟁이가 되었을까? 일반적인 답은 그의 작은 키에 있다. 삭개오가 키가 작아서 열등감을 만회하기 위해 욕심을 부렸다고 생각하는 것이다. 하지만 그의 키가 180센티미터였다 해도 세리를 직업으로 택했을 확률이 높다는 생각을 나는 해본다.

그리스도의 사랑은 유통기한이 없다

삭개오의 키는 150센티미터로 추정된다. 남자 성인치고는 크지 않다. 키가 작은 편이라서 열등감을 가지게 된 건 사실 같다. 하지만 나는 작은 키 때문에 생긴 열등감이 삭개오를 욕심쟁이로 만든 요인이라고 생각하지 않는다. 나보다 키가 작았던 고등학교 때 내 친구들은 나를 사랑했다. 나는 그들에게 사랑을 받았고, 그들은 큰마음으로 나눠주었다. 그런 걸 보면 삭개오가 키가 작아서 갖게 된 열등감 때문에 세리장이 된 건 아닐 것이다. 그는 키가 컸어도 악독한 세리장이 되었을 것이다. 왜냐하면, 그는 세상의 가치를 돈으로 계산하며 살아가는 환경에서 자랐을 것이기 때문이다. 배려하고 사랑을 나눠주는 건 배우지 못했던 것이다.

세리들은 누가복음 3장 12-14절에 서술된 대로, 부정한 수법으로 서민의 고혈을 짜내 세금을 걷어 이윤을 남기며, 자신의 곳간을 채우는 탐욕스러운 자요 배교자요 매국노라는, 이른바 질 나쁜 죄인으로 묘사된다. 동족의 재물을 빼앗아 로마에 바쳐서 매국노라는 낙인이 찍히고, 그 사이에 이윤을 많이 남겨 수전노라는 낙인도 찍힌 것이다. 덕분에 세리 삭개오는 돈으로는 최고의 인생을 누렸을지 몰라도, 세상의 편견은 그를 죄인이라는 틀에서 벗어날 수 없게 가두었다. 자신을 비방하는 유대인들 때문에 불안과 두려움에 떨며 살아야 했다. 그 때문에 돈과 명예라는 세상에서 행복할 조건을 가졌으면서 행복을 누리지 못한 사람으로 인식된다. 행복을 추구했으나 행복하지 못했던 것이다. 실제로 아무도 삭개오를 부러워하지 않았고, 오히려 그를 피해 다녔다. 그래서 그는 늘 외로웠고 소외당했다. 사람들의 눈에 그가 악인으로 보였기 때문이다.

지금 세상에도 모든 것을 가진 것 같지만 행복을 누리지 못하는 사람이 있다. 요즘 사람들은 키가 작아서 행복을 느끼지 못한다고 생각하지는 않는 편이다. 키가 작다고 모두 악인이 되는 것도 아니다. 주로 돈이 없어서 자신이 불행하다고 여기는 탓이다. 잘못된 가치관과 목표가 삭개오 같은 악인으로 만드는 것뿐이다. 삭개오가 애초에 행복의 조건을 예수님이 아닌 돈으로 보았던 것처럼 말이다.

삭개오는 자기가 작은 키를 선택한 것은 아니었지만, 작은 키가 자신을 죄인으로 만들었다고 착각하며 작은 키를 자책했고 자기연민에 빠져 살았다. 죄의 합리화를 선택한 것이다. 잘못된 선택의 결과는 혹독했다. 세상은 삭개오를 편견과 절망에 가두었다. 돈과 권력을 가지면 행복할 줄 알았지만, 편견을 감당하기는 힘들었다. 그는 더럽혀진 자신의 이미지 때문에 자기연민과 절망에서 스스로 탈출하는 데는 실패했다.

삭개오가 자기연민에 빠져 허우적거리고 있을 때, 편견 없고 사랑 넘치는 주님을 만나게 되었다. 아마 그가 예수님을 좀더 일찍, 예를 들어 '중학교 때' 만났다면 세리가 되지는 않았을지 모른다.

그런데 삭개오가 몰랐던 사실이 있었다. 주님께서 이미 삭개오의 처지를 아시고 상황을 역전시켜 주시기 위해 그와의 만남을 계획하셨다는 것이다. 주님은 삭개오를 '죄인'으로 만나신 것이 아니라, '미약하고 낙심한 자, 상처받고 외로운 영혼'으로 여기고 만나주셨다. 욕심 때문에 인생을 외롭게 살던 삭개오는 '돈'이 행복의 전부가 아닌 것을 드디어 깨닫고, 주님을 만나러 나무에서 내려왔다.

우리의 삶을 바꾸는 것은 돈도 명예도 아니다. 돈을 써서 얻는 행복과 만족에는 한계가 있다. 외모, 권력, 명예 같은 것은 유통기한이 있다. 그러나 그리스도의 사랑에는 유통기한이 없다.

올라가고 싶을 때

삭개오는 스스로가 자신의 장애물이었다. 키가 작은 것이 인생의 장애라고 착각했고, 소외된 인생의 해결책은 나무 위로 올라가는 것뿐이라고 믿었다. 그래야 자신을 비웃는 세상을 가질 수 있다고 믿었다. 그래야 남들이 곁에서 만나는 예수님을 위에서 내려다보며 구경이라도 할 수 있었다.

키 작은 인생이 실패자라고 생각하는 자기연민도 사실 이기심이다. 자기중심적으로 생각하는 마음의 문제이기 때문이다. 그는 키가 작아서 안 된다고 믿고 있어서, 실제로는 자신보다 작은 장애여서 극복할 수 있음에도 아무것도 할 수 없었다. 모든 것이 이유 없이 두려웠다. 마치 자가면역 질환에 걸린 사람 같았다.

면역체계가 자신을 파괴하고 심하면 생명을 위협하는 것처럼, 그는 외롭고 허전하고, 넘어져서 상처받고 아프다고 스스로 믿었다. 그래서 그는 그 상실감을 만회하기 위해 버둥대며 위를 향해, 나무 위로 올라갔던 것이다. 나무 오르기가 익숙하지 않아 올라가는 모습이 위태롭고 우습게 보였지만, 그는 애써 올라갔다. 그가 나무로 올라가는 모습을 상상하니 왠지 내 모습 같아 기분이 좀 찜찜하다. 지금도 내가 삭개오처럼 세상에서 인정받으려고 아등바등 올라가고 있는 것은 아닌지 돌아보게 하기에 충분한 장면이다.

절망과 소외를 해결하는 방법은 반드시 높이 올라가는 것만이 아니다. 올라간다고 해결되는 것도 물론 아니다. 자기연민에 빠진 이기심은 올라가다가 떨어져 더 큰 아픔과 실망과 상처를 안길 수 있다.

누가복음 19장 4절을 보니 삭개오가 위험을 무릅쓰고 간신히 뽕나무 위로 올라갔는데, 주님은 그에게 "속히 내려오라"고 말씀하신다. 그냥 내려오라는 것이 아니라 빨리!

올라가야 인생의 문제가 해결될 것이라 믿었던 삭개오는 상당히 당황했다. 간신히 나무에 올라가 예수님과 눈이 마주쳤을 때, 속으로 '이젠 됐어!'라고 생각했는데, 삭개오의 머리가 갑자기 하얗게 되었다. 내려가면 다른 사람이라는 장애물이 많아 예수님을 보기 힘들 텐데, 이런… 낭패다.

삭개오는 사실 자기 문제를 해결하기 위해 위로 올라가 세상을 내려다볼 필요가 없었다. 그의 문제는 주님이 계신 곳으로 내려와 주님을 만나야만 해결할 수 있었기 때문이다.

우리의 모든 문제는 나를 내려놓고 주님을 만나러 내려가고, 주님께서 높이실 때 비로소 해결된다. 세상은 나를 외롭게 하지만, 주님은 나를 사용하심으로써 의롭게 하신다.

세상이 보는 행복과 성공은 하나님이 보시는 행복과 성공과 전혀 다르다. 절망과 소외를 해결하는 방법은 주님께 붙들려 사용되는 것이지, 나무 위로 올라가는 것이 아니다.

답답하니 저 좀 올려주세요

토미 테미는 〈하나님의 관점〉이라는 책에서 어린아이가 어른들에게 가려져 답답해, 높은 세상을 보여달라고 두 팔을 들어 올려달라 호소하는 순간을 소개한다. "답답하니 저 좀 올려주세요. 아버지!"라고 한다는 거다. 우리도 아이처럼 시야가 가려서 답답하고 걷기 힘들면 하나님 아버지를 찾아야 한다.

당신이 세상을 높은 데서 쉽게 보고, 험한 세상을 이기는 방법이 있다. 서 있는 곳에서 그저 두 손을 들고 "주님 저를 안아 올려주세요"라고 한마디만 하면 된다. 하지만 아버지를 찾지 않고 스스로 애를 써 나무 위로 올라가려는 당신은 삭개오 같다.

스스로 위기를 극복하겠다고, 상처를 직접 치유하겠다고 익숙하지 않은 높은 곳으로 올라가는 것은 위험한 행동이다. 나무에 처음 올라가는 사람이라면 떨어져 다치고 불구가 될 수도 있다. 차라리 모든 것을 주님 앞에서 포기하고, 두 손 들고 항복을 외치는 게 낫다.

"주님, 주님께서 나를 높이시사 사용하시옵소서!"

주님은 높은 자를 위해서 오신 것이 아니라 낮은 자를 위해 오셨다. 그래서 주님의 머리 위로 올라가면 주님을 못 만난다. 주님은 상처 없는 자가 아니라 상처 입은 자를 위해 오셨다. 그래서 상한 마음 그대로, 낮은 마음으로 낮은 곳으로 내려와야 비로소 주님을 만날 수 있다.

삭개오의 한계는 작은 키가 아니라 약한 믿음이었다. 자신의 열등감을 감추고자 하는 자기연민이 교만으로 나타나 믿음의 눈을 가려서, 자기중심적 삶이라는 철창에 스스로를 가두고 허우적댔다. 그는 열등감과 자기연민이라는 올무에 갇혀 있는 동안 자기 이름의 뜻이 청결한 자, 의로운 자라는 것을 잊고 살았다.

삭개오의 소명은 원래 세리가 아니라 깨끗함과 정직함으로 의로움을 세우는 것, 즉 주의 뜻을 이루는 것이었다. 하지만 그는 그런 소명자의 길을 포기하고 부와 명예와 권력을 내려놓지 못했다. 그는 점점 많은 것을 숨기고 더 많이 소유하려는 죄의 유혹을 이기지 못했다.

어쩌면 당신은 소명자의 길을 잊고서 삭개오처럼 자기중심적인 길을 걷고 있지는 않은가? 헨리 나우엔은 그의 책 〈상처 입은 치유자〉에서, 이 땅에서 가장 큰 상처를 입으신 예수님이 부활하심으로 치유의 능력을 확증하셨다고 말한다. 그 치유의 하나님을 통해 자기연민의 철창에서 나와 자신의 소명을 회복하고, 사명자의 길에 과감히 발을 내디디기를 기대한다.

13

;

자격지심을 이겨낸 자격 없는 자

무서운 병, 자격지심

야구에는 삼진 아웃 제도가 있다. 세 번 스트라이크 당하면 아웃이다. 그렇다고 야구 인생이 끝나는 것은 아니다. 아웃을 당해도 새로운 경쟁이 또 시작된다.

나는 인생에서 수많은 삼진 아웃을 당했다. 우선 재수를 경험했다. 유학을 준비할 때 토플 시험을 1년 반 동안 여러 번 치렀다. 남들은 쉽게 올리는 점수인데, 나는 당시 기준인 580점이 나오지 않아 고생했다. 목사가 되기 위한 강도사 고시도 첫 번째는 실패했고 두 번째에 붙었다. 남들은 모든 시험을 한 번에 잘도 통과하는데, 나는 운전면허 시험까지 두 번 치렀다. 머리가 뛰어난 사람이 결코 아님을 늘 확인했다.

한번 시험에 떨어지면 두 번째 시험에 대한 부담감은 자연히 커진다. 인생에서 아웃당한 느낌까지 든다. 이전보다 더 열심히 준비했지만, 자신은 더 없고 더 불안해진다.

　인생을 살다 보면, 이렇게 삶의 경기에서 '아웃'을 당하는 경우가 생긴다. 인생도 야구에서처럼 파울이나 아웃을 당하면 다음 경기가 두려워진다. 인생이라는 경기가 다 끝난 것 같은 생각에 잠도 오지 않는다. 야구 선수처럼 볼 하나의 결과에 따라 경기에서 쓸쓸하게 퇴장할지도 모르는 인생이기에, '아웃'은 '선수 자격 없는 낙인' 같아서 치명적인 삶의 오점으로 여긴다. 그래서 인생에서 파울 같은 실수를 하거나 아웃을 당하면 자존감에 상처를 입게 된다. 자존감에 상처를 입으면 소심해진다. 소심해지면 팀 안에서 자격지심이 더 커지고, 팀워크에 균열을 부르게 된다. 삶은 무기력해진다.

　성적이 떨어진 학생은 새 학기를 맞이하면 괜히 자신이 없어져 졸음만 오고 우울증에 걸리기도 한다. 이런 사람은 졸업하고 간신히 얻은 직장에서도 두려움이 앞선다. 늘 새로운 도전을 해야 하고 경쟁하고 스트레스를 받아야만 하는 인생이 두렵고 적응하기 힘들어 무기력해진다.

　내가 소련 선교사가 되어 국제오엠선교회 소련팀에 조인했을 때다. 그때 내가 속한 팀의 선교사는 38명이었다. 그 팀에 들어가면서 생소한 서방 문화와 나의 짧은 영어 때문에 자존감은 날마다 바닥을 쳤다. 나의 좌충우돌 서양 문화 적응기는 매일 나를 우울하게 했다. 영어를 잘 알아듣지 못하니 웃지 못할 일이 빈번했고 오해도 잦았다.

　오전 예배 때 설교자가 오늘 금식한다고 광고했는데, 나만 홀로 꼬

르륵 소리 나는 배꼽시계에 정확히 맞춰, 아무도 오지 않는 식당에서 서럽게 기다린 적이 있었다. 팀에서 사역을 시작하고 몇 주가 지나서도 선교사들이 복도에서 나를 마주칠 때마다 "What's up?"(별일 없지?)이라고 물어서 "내 이름은 홍섭인데 왜 자꾸 '와썹'이라고 놀리느냐?"고 화를 낸 적도 있었다. 이런 일이 일어날 때마다 나의 자존감은 치명적인 열상을 입었고, 자격지심은 풍선처럼 커져만 갔다. 내가 접하는 모든 순간이 우울했다.

나의 자존감을 송두리째 빼앗아 가버리는 자격지심은 무서운 것이다. 그래서일까, 어느 순간부터 나의 얼굴에서는 미소가 사라졌다. 사춘기 시절에 방황할 때처럼, 나의 결핍과 열등감을 커버할 나만의 무기가 다시 필요함을 느꼈다.

나는 방어도 공격도 할 수 있는 '까칠함과 교만함'이라는 강력한 무기를 장착하기 시작했다. '영어는 너보다 못해도 영성 정도는 너보다 낫다'라는 마음속의 교만이었다. 나의 이런 교만이 팀 분위기를 다운시키는 주범이 되었다. 그렇게 적응하는 1년 동안, 어느새 나는 내가 '아웃' 되지 않으려고 날마다 팀의 분위기를 해치는 투명 인간 같은 문제아가 되어 있었다.

자격지심은 정말 무서운 병이다. 만일 내가 죄로 인해 자격지심을 품으면, 강판당한 투수나 삼진아웃 당한 타자라 해도, 마치 은혜로 구원받는 것처럼, 다음 이닝에선 다시 기용될 수 있다는 귀한 진리를 기억하지 못하게 만든다.

자격지심을 이겨낸 자격 없는 자

구약 시대의 사사였던 입다라는 사람도 삼진아웃을 당했던 자다. 그는 사생아였다. 자신이 술집 여인의 아들로 태어난 것을 비천하게 여겼다. 자신이 비천하다고 생각하니 자신을 미워하는 존재들이 모두 미웠다.

그는 소외당하지 않고 생존경쟁에서 밀리지 않기 위해, 경쟁할 대상이 나타나면 공격부터 했다. 입다는 그래서 폭력배가 되었고, 늘 증오와 분노와 적개심에 사로잡혀 죄를 지으며 살았다. 자격지심 많고 자존감이 낮은 사람이 된 것이다. 그의 성장 과정에는 불행한 기억만 있을 뿐이었다. 배다른 형제들에게 둘러싸여 눈치 보고 긴장하며 살아야 했기에 늘 사랑에 굶주렸다. 형제들에게 조롱받고 억압받고 모욕당하는 표적이었기에, 그는 누구도 신뢰하지 않았다. 혼자 살아야 했다. 하나님이 그를 사용하실 이유가 없는 사람이었다.

사사기 11장 1-3절은 입다가 가장 포악한 갱의 두목이 된 이유를 사회로부터 받은 '거절감'이라고 설명해준다. 가족으로부터 거절당한 입다는 집에서 쫓겨나 홀로 살아야 하는 세상에서 자신을 지키기 위해, 돕 땅에서 가장 악독한 광야의 갱 두목이 되었다. 입다는 하나님이 사용하시기에는 결핍 많고 자격지심 많은, 상처받은 인생이었다.

입다가 갱으로서 세상을 정복하고 있을 때, 이스라엘에 불리한 상황이 펼쳐졌다. 이스라엘 동쪽에 사는 암몬 족속의 공격을 받기 시작했던 것이다. 이스라엘은 멸망을 앞둔 풍전등화 같은 신세가 되었다. 전세가 불리해지자 이스라엘의 장군들은 겁을 먹고 싸움을 포기했다. 이스라엘은 죽음 앞에서도 겁 없이 싸우는 지도자를 요구하는 상황이 되었다.

그때 하나님은 거절이 일상이 되어버린 상처 입은 외톨이, 왕따가 익숙한 문제아, 동시대 누구에게도 겁이 없고 가장 잔인했던 입다를 이스라엘 역사에 등장시키셨다(삿 11:6-8). 거절감과 증오와 낮은 자존감 때문에 남에게 피해만 주던 일개 갱 두목이 이스라엘의 풍전등화 시점에서 장군이 되었다. 세상의 안목으로는 자격 없는 입다를, 하나님께서 이스라엘의 구원 투수로 부르신 것이다. 그러니 이스라엘의 누구도 입다가 그들을 구할 것이라고 기대하지 않았다. 어쩌면 이스라엘은 계속 두려움에 떨고 있었을 것이다. 하지만 입다는 하나님이 자신을 부르신 것 자체만으로 하나님의 은혜에 감동하여, 그가 지금까지 가지고 있던 모든 분노와 아픔을 잊고 이스라엘을 위해 최선을 다해 싸웠다.

입다가 하나님의 은혜를 가지고 나간 전쟁터에서 믿지 못할 일이 일어났다. 당대에 가장 살벌한 악당이 전쟁터에 나온다는 소문이 돌자 적이 지레 겁을 먹고 도망간 것이다. 마치 골리앗이 싸움에 나온다는 소문이 돌 때 이스라엘의 어떤 장수도 나타나지 않았던 것처럼, 암몬 군인들도 '입다'라는 이름을 듣는 순간 혼비백산, 겁이 나 도망치는 바람에 입다는 전쟁을 치르지도 않고 승리를 취했다. 그는 길거리 갱 두목에서 진정한 여호와의 장군이 되었다. 자격지심으로 남에게 피해만 주던 죄인 입다는 사사가 된다.

자존감이 낮고 죄인이라는 자격지심 때문에 자격 없다고 생각하는 자도 하나님은 사용하신다. 삼진아웃 당한 선수가 다음 경기를 뛸 수 있는 것을 감사하게 여기는 것처럼, 입다가 장군이 된 경우도 분명 하나님의 은혜다. 하나님의 은혜가 아니라면 입다가 장군이 된다는 것은 정당하지 않았고 능력을 보일 수도 없었던 것과 같이, 사람의 모든 발걸음은 주님의 은혜이다.

그분의 사랑이 자격 없는 나를

내가 청소년 시절에 부르던 찬양 중에 "오 할렐루야"라는 곡이 있었다. 그 찬양에 이런 구절이 있다. "내가 가난할 때나 슬플 때나, 그 어느 때나 우리 주를 찬양합시다"라는 것이다. 부유할 때도 아플 때도, 건강할 때도 잘나갈 때도, 심지어 실패할 때도 주님이 항상 나와 함께 하심을 확신하게 해주었기에 그 찬양은 큰 위로가 되었다.

주님께서는 내가 힘이 없고 연약해도 함께 하시고, 어둠 속에서도 나를 결코 혼자 두지 않으신다는 것을 기억한다면, 내 삶에 들어왔던 자격지심과 자괴감은 사라지고 낮아졌던 자존감은 높아질 것이다.

돌이켜보면, 예수님은 우리가 외로울 때 같이 계셔주셨고, 사업이 망했을 때나 직장을 잃었을 때도 함께 하시며 위로하셨고, 우리가 어떤 모습이든 상관없이, 어떤 방법으로든 우리의 눈물을 닦아 주셨다. 혹여 죄 때문에 넘어졌을 때도 우리가 하나님의 은혜를 기억하면 "너를 향한 계획은 아직 실행도 안 했단다. 조금만 더 기다려!"라는 음성이 들린다.

바울이 고린도교회에게 했던 말씀을 기억한다. 바울은 매일 삼진아웃을 당하는 고린도의 성도들에게 "너희 중에 이와 같은 자들이 있더니"(고전 6:9-11)라고 경고한다. 불의를 행하고 속이며, 도적질하며 탐욕을 부리고, 술에 취하고 모욕하며 속여 빼앗는 자로서 하나님의 나라를 유업으로 받지 못할 자들이라고….

바울은 우리가 악담하는 자요, 거짓말쟁이요, 시기하고 질투하는 자요, 가식적인 위선자요, 바리새인이요, 마음으로 간음하는 자요, 말로만 한 몫 보려는 사람이라고 고발한다. 바울 자신 또한 그런 사람이라고 고백했다.

그러나, 그럼에도 불구하고 우리가 기억할 것은, 그분의 사랑이 원래 자격이 없는 우리를 적들도 가장 두려워하도록 만드셨다고 위로했다. 주 예수 그리스도의 이름과 우리 하나님의 성령 안에서 씻음과 거룩함과 의롭다 하심을 받았기 때문이다.

잊지 말자. 하나님은 당신을 입다처럼 장군으로 부르실 것이다.

14

눈부시지 않게 은은히 빛나는 사람

봉사하는 사람을 시기하고 질투하다니

내가 담임으로 섬기던 중부교회에서 있던 일이다. 지금의 킹스웨이 교회로 변경하기 전의 교회 이름이다. 오전 8시에 있는 1부 예배의 친교를 위해 근 10년 동안 주일 새벽에 달걀과 감자를 두 박스씩이나 숯불에 구워오시는 아주 특별한 헌신을 하신 분이 계셨다. 주일 예배 후의 친교 시간에 숯불에 구운 감자와 고소한 달걀을 고향의 맛인 묵은지와 함께 먹는 것은 예배 시간에 말씀의 만나를 먹는 것 못지않은 또 다른 기쁨과 기대를 선사했다. 그 집사님은 "매주일 목사님은 영의 밥을 짓고 자신은 육의 밥을 짓기에, 우리 교회는 최고의 주방장이 둘이나 있는 완벽한 팀"이라고 말하며 기뻐했다.

그 분이 주축이 되어, 화요일 아침에는 여전도회가 목회자들의 아침 식사를 마련해주는 전통이 생겼다. 정말 황송한 전통이었다. 그날은 그 집사님과 어떤 권사님 두 분이 담당이 되어, 아침을 준비해놓고 나를 기다리고 계셨다. 보통 때처럼 그냥 놓고 가셔도 되는데, 그날따라 기다리시는 모습을 보곤 두 분께서 나와 면담하기를 원하신다는 것을 직감했다. 아니나 다를까.

"목사님, 아침 식사 후에 바쁘지 않으시면 잠시 대화가 가능할까요? 저희가 면담 좀 하고 싶은데요."

"네, 그렇게 하시죠."

그 순간 목회자라면 누구나 느낄 수 있는 촉이 내게도 느껴졌다. '뭔가 힘든 말씀을 하시려나 보다' 하는 예상을 할 수 있었다. 아니나 다를까, 권사님께서 이런 말씀을 하셨다.

"저, 목사님, 이 집사님께서 잠시 구역장도 내려놓고, 1부 친교 섬김도 쉬겠다고 하시네요. 주일에 하던 모든 섬김과 봉사까지 잠시 내려놓겠다고 하시는데, 제가 아무리 말려도 소용없네요. 그래서 집사님 붙들고 함께 왔습니다."

"아, 네⋯."

집사님께서 겸손한 인격으로 봉사하고 순수하게 섬긴 분이라 시기하고 질투하는 분들이 생겨 일어난 사건이라는 추측은 들었으나, 목사는 성도들 사이에서 일어난 관계 문제에는 신중하게 접근해야 한다. 담임목사로서 그 문제를 처리하기에 좋은 지혜가 나오지 않아 얼른 답을 찾지 못하고, 집사님의 다친 마음이 아물 때까지, 그 일이 진정될 때까지 그냥 몇 주간 마음만 졸여야 했다.

눈부시게 빛나고 싶어하는 피곤한 사람

교만한 사람은 타인보다 빛나고 싶은 욕망을 제어할 능력이 없다. 그들은 승부욕도 강해서 자신보다 빛나는 사람을 보고 있지 못한다. 자기들이 어두워진다는 위기를 느끼기 때문이다. 칭찬도 못 하고, 인정해주는 일은 더더욱 못한다. 타인 때문에 자신이 빛나지 못한다고 생각하기 때문이다. 그래서 시기와 질투가 강한 사람들의 샘보가 터지는 날에는 아무리 착한 사람이어도 그 질투의 화신들이 쏜 화살을 피할 길이 없다. 이 집사님에게 난 상처는 그래서 생긴 것이었다.

사람들은 자기보다 신실하고 능력 있고 평이 좋은 사람을 보면 괜히 시기하고 질투한다. 그 사람으로 인해 가뜩이나 작은 자기 존재가 더 작아진다고 생각하기 때문이다. 그저 자신의 욕구를 채우기 위해 가식적인 모습으로 자신을 포장하며 철저히 감추고 있다가, 한순간에 폭발한 질투심이 위선의 갑옷을 벗어버리고, 숨겨두었던 다혈질의 인격을 앞세워 착한 사람을 공격한다.

영적으로 교만하고 마음이 강퍅한 사람은 어떤 모양으로든 자신의 연약한 부분이 드러나는 것을 두려워한다. 일종의 열등감 때문이다. 자존감이 워낙 낮아서 남을 인정하거나 칭찬하는 여유는 더욱이 없다. 이런 사람은 자신을 보호하고 남도 공격할 수 있도록 늘 자기방어라는 갑옷을 입고 남을 찌르는 칼과 창을 들고 다닌다. 자신이 들키지 않게 굳은 표정이라는 갑옷을 입고, 변명의 방패로 방어하고, 지적의 창으로 찔러 가까이 오지 못하게 한다. 방어와 공격을 동시에 하는 것이다. 어긋난 마음 지킴의 기술이다.

그 집사님처럼 착한 사람이 이런 사람들에게 공격당하면 보통은 억울하고 수치스럽고 창피하다는 감정을 느낀다. 동공이 흔들리고 호흡은 거칠어지고 얼굴이 붉어지며 심장은 쿵쿵거린다. 당한 일을 생각할수록 속이 상해서 다시는 그 일을 할 마음은 물론 삶의 의욕마저 없어진다. 아픈 상처를 잊고자 상처를 준 공동체를 떠나 다른 곳으로 도망가고 싶은 생각마저 들게 된다. 게다가 내가 상처를 준 것도 아니고 받은 건데, 오히려 내가 사과해야 하는 상황도 생긴다. 공동체에서 나보다 직위가 높은 사람에게 그런 상처를 입을 경우가 주로 그렇다. 억울해도 먼저 사과해야 하는 것이다. 그런 상황을 당하면 바로 그 공동체를 떠나고 싶어진다.

그래서 우리는 눈부시게 빛나고 싶어 하는 사람을 만나면 참 피곤하다. 그런 사람의 시기와 질투 때문에 상처를 받고도 참아야 하는 일을 많이 겪기 때문이다. 자신이 빛나고 싶은 사람 때문에 받은 상처를 생각만 하면 안압이 오르고 목 언저리에 힘줄이 서고, 가슴엔 쿵쿵 망치질 당하는 것 같은 통증이 온다. 수치심과 분노가 하늘을 찌른다. 이런 느낌, 이런 순간이 싫다.

보이지 않는 사람이 더 빛난다

나는 미니어처 슈나우저라는 독일 사냥개를 기른다. 나에겐 다정한 친구이자 식구 같다. 이 개는 놀랄 만큼 주인인 나에게 충성한다. 반면에 다른 사람들에게는 적대적이다. 선천적으로 주인을 보호하려는 그 개의 특징이기도 하겠지만, 아마도 어릴 때 얻은 트라우마 때문에 그런 것 같다.

이 사냥개가 강아지일 때, 집에 온 우체부 눈에 거슬렸는지 크게 혼이 난 적이 있었다. 그 때문인지 우체부에겐 유독 적대적이다. 우체부가 자신의 자존감을 무너뜨린 일로 인해 생긴 분노와 두려움이 남아서, 커서도 본능적으로 우체부를, 그리고 모든 사람을 사납게 대하는 것 같다.

개는 두려우면 더 사납게 짖는 습성이 있다고 한다. 사람도 마찬가지 같다. 자신이 남보다 부족하다고 여기는 열등감이 많아 사람을 두려워하는 사람은 그런 자신을 감추기 위해 상대방에게는 필사적으로 교만한 태도로 작은 힘이라도 과시하려 한다.

스스로 화려해지고자 노력하는 것은 인간의 본능이지만, 어쩌면 열등감을 표현한 것일 수 있다. 주전 1050년 경, 헤롯 1세 왕은 자기를 영웅으로 스스로 높이려고 이른바 낮아짐의 상징으로 알려진 샤론 평야에 강한 요새 아벡성을 세웠다. 자신의 열등감을 감추기 위한 것이었다. 그런데 이 아벡성에서는 블레셋에 의해 홉니와 비느하스가 죽고 언약궤를 빼앗겼던 일이 있었다. 그 소식을 듣고 엘리가 죽었다. 그 후 사무엘이 제사장으로 세워졌다. 교만한 가짜는 멸했고, 진짜는 세워졌다.

겸손하신 예수님의 상징인 샤론의 땅에 자기만의 견고한 진을 세우고 스스로 영웅이 되려고 했던 헤롯은 우리의 교만을 상징한다. 그가 하나님 앞에서 견고한 성을 세운 이유는 두려움과 열등감 때문이다. 하지만 스스로 왕이 된 가짜 왕 헤롯의 왕조는 훗날 진짜 왕이신 예수님에 의해 멸망하게 된다. 그리고, 하나님께서는 상징적 메시지를 주시려고 이방 땅과 경계를 둔 샤론의 땅이 부흥을 이루게 하셨다.

자존감이 낮고 열등감이 많은 사람은 자신을 꾸며서 보기에는 화려한 것 같으나 결코 빛은 나지 않는다. 자신에게 연약한 부분이 있는 사람이 스스로 빛을 내려 노력하지만 내지 못하는 것이다. 그런 사람이 인격까지 성숙하지 못하면 목불인견이다. 막말에 도를 넘는 행동을 하기도 하고, 이른바 '갑질'하는 사람으로 전락하기도 한다. SNS에서 손가락질당하고 매스컴에서 기사로 다룰 정도로 인격 모독까지 서슴지 않는 사람이 되기도 한다. 낮은 자존감이 교만을 넘어 추한 성격을 가진 사람으로 만들어 버리는 것이다. 열등감을 지혜롭게 극복하지 못하고 자존감을 높여놓지 못하면 이렇게 격과 결이 파괴된 추한 모습이 되어버린다.

사람들은 강함strength에 대한 편견을 가지고 있다. 갑옷 같은 것으로 자신을 포장하고 '세게 나가면' 다 이길 수 있다고 생각하는 것이다. 물론 강한 것이 다 교만을 뜻하는 것은 아니다. 그저 스스로 빛나려는 것이 강함은 아니라는 말이다.

교만한 사람은 하나님의 형상을 너무나 쉽게 훼손한다. 하나님의 영광을 아주 간단히 깨고 만다. 교만한 사람의 영혼이 불쌍한 이유다.

진정한 강함은 겸손으로 표출되는 것이다. 세상에선 보이지 않고 눈부시지도 않지만, 겸손이 바로 빛을 내는 삶이요 강한 것이다. 세상에선 강함이 자랑이지만, 주님 앞에서는 연약함이 자랑인 법칙을 우리는 늘 기억하자.

주님보다 빛나지 않는 삶이라야

사람들이 한낮의 해처럼 주변보다 눈부시게 빛나고 싶어하는 이유는 밤길의 가로등처럼 어두운 주변을 밝히고 싶어서가 아니다. 모두가 자기를 쳐다보기 원해서이다. 그러니 자신보다 다른 사람이 더 빛이 나서 자신이 돋보이지 못하면 실망하고 분노한다.

우리가 성장하면서 접하는 세상은 스타를 선호한다. 별처럼 빛나는 것이 세상의 행복이고 성공의 기준이다. 모든 사람의 주목을 받아야 성공했다는 착각을 하게 만든다. 반대로 주목받는 삶을 살지 못하면 불행하다고 생각해서 실의에 빠진다.

우리는 사실 세상을 비추는 빛의 역할을 감당할 수 있다. 아니, 빛이어야 한다. 주님은 우리가 세상의 빛이라고 하셨다(마 5:14). 하지만 주님은 우리에게 눈부시지 않게 빛나는 삶을 요구하신다. 우리는 태양 같은 존재가 될 수는 없다. 스스로 빛을 내는 발광체가 아니기 때문이다. 주님의 영광스러운 빛을 세상 사람들에게 부드럽게 반사하는 역할을 감당할 뿐이다.

세상의 빛은 사실 주님이시다(요 9:5). 우리가 그분을 따를 때 어둠에 다니지 않게 되고, 생명의 빛을 얻어 조금 빛을 낼 수 있을 뿐이다(요 8:12). 우리는 주님의 빛을 반사하는 별과 같은 역할만 감당하기에, 자신의 가치와 위치를 잘 알고 판단하며 살아야 한다.

물론 주님은 모든 피조물이 빛나도록 축복하셨다. 그러나 주님보다 더 눈부시게 빛나는 것은 세상에 없다. 우리에게서 나오는 빛은 눈이 부시지 않게 빛나야 한다. 우리에겐 그게 매력이며 아름다움이다. 저마다 가장 밝은 빛을 발하려 한다면 세상은 혼란스러울 것이다.

높은 곳에 계신 주님처럼 눈부시게 빛나려는 생각은 욕망이고 교만이다. 욕망은 세상에 혼란과 상처를 안기고 만다. 욕망은 눈을 가리고 귀를 막으며, 입으로는 실언하게 만든다. 말과 행동은 인격을 표현하는 법이므로, 욕망이 하는 말과 행동은 타인에게 치명적인 상처를 남길 수 있다.

하나님의 말씀을 먹지 않고 세상의 것을 먹다 보면 계속 배가 고파서 계속 먹게 된다. 세상 것을 먹으면 욕심이 끝이 없다. 멈출 수 없게 된다. 욕망은 그래서 생기는 것이다. 그러나 주님은 영적 생활에서 의의 주리고 목마른 자는 배부르다고 하셨다.

성경은 욕심을 잉태하면 결국 사망을 낳는다고 했다(약 1:15). 그러니 어떻게 하면 적절히 먹고 자족하고 멈출 수 있을까? 사도 바울은 어떤 상황에서도 '자족하기를 배웠노라'라고 고백했다(빌 4:11). 배가 덜 불러도 스스로 만족을 느끼고 먹는 것을 멈출 수 있었다는 것이다. 그에게서 자족의 비결을 배울 필요가 있다.

> 내가 비천에 처할 줄도 알고 풍부에 처할 줄도 알아 모든 일 곧 배부름과 풍부와 궁핍에도 처할 줄 아는 일체의 비결을 배웠노라 _빌 4:12

사람은 가난할 때 비천에 처할 줄 아는 것을 배우고, 부자가 되어 풍부할 때도 자족할 줄 알아야 한다. 풍부할 때 비천한 사람 앞에서 빛나려는 것은 선한 모습이 아니다. 비천할 때 빛나려는 행동은 열등감의 표출이다. 두 경우는 모두 교만이다. 사도 바울이 교만을 멈출 수 있었던 이유, 즉 풍부할 때나 궁핍할 때나 자족할 수 있는 일체의 비결을 배운 이유는 그가 예수 그리스도를 아는 지식이 가장 고상한 것임을 알았기 때문이다. 그는 그리스도 외에는 모든 것을 배설물로 여겼으며, 심지어 자신마저 배설물처럼 여겼다.

내려놓아야 은은한 빛을 낸다

주님보다 내가 빛나지 않기 위해서는 세상 것을 탐하기를 멈추고, 열등감과 교만으로부터 오는 욕망을 내려놓아야 한다. 마음을 비우고 그리스도로 채운 마음, 그 마음의 공간은 순결의 완성이며 더 없는 평온의 자리가 되고, 참된 빛의 산실이 된다.

주님을 마음에 모시지 않으면 욕망 때문에라도 환난과 고난을 벗어날 수 없다. 욕망의 어두운 죄가 순결하고 고귀한 성령의 빛을 늘 덮어버리기 때문이다. 그러나 예수님을 마음에 모시고 그리스도에게서 받은 참된 빛은 화려하지 않게 빛난다. 그 자연스럽고 오롯한 빛은 누구도 극복할 수 없는 죄로부터 자유로워진 자의 '힘'이며 생명의 빛으로서, 눈부시지 않게 빛난다.

반면에 근거 없는 자만과 턱없는 우월감, 분수에 넘치는 허영과 명예욕과 이기적 욕망 등의 불순한 감정으로 밝히는 빛은 열등감의 측은한 발로(發露)에 불과하다. 그런 감정에 매몰된 마음에서 발산되는 빛은 언뜻 보기에 눈에 얼른 띄도록 눈부시다. 상대의 인격에 일격을 가하려는 것이기에 무섭도록 강렬하고 현란하다고 표현하는 것이 오히려 옳다. 그런 빛은 단지 헛될 뿐이다. 하지만 주님으로부터 발산되어 우리에게 반사되는 빛은 자연스럽고 순결하며, 거룩하고 고결한 아우라aura를 가졌다.

스스로 빛을 내려는 유혹이 올 때, 우리는 구원의 빛에 신뢰를 두어야 한다. 지성이 흐려지고 마음이 불안할 때는 빛이신 성령님과 동행해야 한다. 성령님과 동행하지 않으면 인격은 스스로 빛나려 하여 무너지고, 교만으로부터 나온 파멸의 빛이 삶을 권태롭고 메마르며 게으르게 만들 것이다(롬 12:11).

그분은 우리가 화려하지도 않고 세상에서 드러나지도 않으며, 모든 걸 잃은 것 같고 눈부신 빛도 나지 않지만, 은은한 신앙의 빛을 발하며 인생을 겸손히 걸어가기를 원하신다.

오늘 나는 스스로 빛나려 했던 교만한 마음을 내려놓고, 편안한 마음으로 진흙탕을 맨발로 거닐었다. 흙탕물에도 발을 담그고 첨벙대며, 열등감도 교만한 마음도 비우고 즐겼다. 홀가분하다.

15

;

가짜 새 사람들의 가면 놀이

가상의 세상이 어두워지면

어느 날 사회관계망 서비스SNS에 작년에 세례를 받은 우리 교회 청년
의 글이 올라왔다. 열심히 잘살고 있는 유학생인데, 갑자기 "내려놓
는다. 일도… 공부도… 만남도… 모든 것을…"이라는 글이 올라와서
놀랐다. 위로하는 댓글이 무려 백 개가 넘게 달려 있었다. '왜 그랬을
까?' 하는 걱정이 머릿속에서 지워지지 않았다. 요즘 들어 이런 글을
자주 대한다.

　나도 유학생 시절에 숨이 턱턱 막히는 위기를 경험한 적이 있어서,
그가 얼마나 힘들었을지 충분히 짐작은 갔다. 하지만 어찌 그가 개인
적으로 경험한 고충까지 알 수 있으랴. 다행히 그 형제를 찾아가 밤새
이야기하며 그의 마음을 추스를 수 있었다. 들어보니, 그가 야심차게

시작한 일이 잘 안 되어서 고민하고 있었는데, 자신을 무시하는 댓글에 마음고생이 심했다고 한다. 며칠 동안 수치감과 자신의 한계를 느끼며 극단적인 생각까지 했다고 고백했다.

실패의 경험은 누구나 가지고 있다. 유난히 실패에 민감한 사람은 세상으로부터 몰려오는 거절감과 열등감의 늪에 더 쉽게 빠지곤 한다. 그 늪에 한 번 빠지면 세상이 두려워지고 상실감을 극복할 자신감도 사라진다. 의욕상실이라는 실의의 바다에 빠지는 것이다.

한번의 폭풍으로 깊은 실의의 바다에 빠져 허우적거리는 동안에도 사람을 더 힘들게 만드는 것은, 그 형제가 당한 것처럼 SNS를 통해 쉴 새 없이 밀려오는 공격과 조롱의 잔잔한 파도이다. 부정적인 댓글의 파도가 밀려오면 이미 심신이 지쳐 있던 당신은 낮은 파도에도 물을 삼키며 숨쉬기 힘든 순간을 맞이하게 된다.

인터넷이라는 가상의 바다에 빠졌어도 살아날 수 없을 것 같은 두려움이 엄습해 올 때가 있다. 부정적인 댓글이 살아 있는 한 살아남기엔 불가능해 보이는 깊은 바다…. 불안과 공포 가운데 허우적대니 힘이 더 빠르게 소진된다. 소망을 잃어버려 의지도 없어지고, 빠르게 지치니 얼마 안 가서 죽겠다 싶기도 하다. 상어 같은 바다 포식자의 먹잇감이 되고 말 거라는 온갖 불길한 생각 때문에 몸은 차가워지고 머리카락은 쭈뼛 선다. SNS가 선용되면 모를까, 악용되면 의욕은 더 빠르게 소진되고 만다.

현실의 세상에서 SNS는 소통의 핵심 도구가 되고 있다. 비대면 시대인 요즘, 뉴노멀이 노멀이 된 후에 소셜 네트워크는 일상에 더 가까이 다가와 있다. 그런데 SNS의 기반인 인터넷이 얼굴을 볼 수 없는 가상의 공간이라 그런지, 삐뚤어진 인격을 가진 사람들로 말미암아 상처를 받는 이들 또한 늘고 있다. SNS를 사회를 비판하거나 자신을 정당화하는 도구로 쓰는 경우는 일반이고, 상대방에게 흠집을 내거나 복수하는 일에 악용하기도 한다. 사이버 공간에서 공경이나 존대나 배려 따위는 이미 무너졌고, 폭력적이고 음란하고 비판적이고, 욕설과 허위정보와 인격 모독성 글로 도배되고 있다. 몇 자에 불과한 돌에 맞아 죽는 사람도 생긴다.

직장인들은 아침에 이메일을 여는 일이 점점 부담으로 여겨진다고 한다. 특히 상사와 동료들의 이메일이 두렵게 느껴질 때가 있다고 한다. 소통을 핑계로 이메일 안에 스트레스를 쏟아붓고 있기 때문이다.

가상의 세상이 어두워지면서 현실의 세상도 어두워지고 있다. 사람들은 그 어둠으로 점점 깊이 들어가 나오지 않는다. 자신은 드러내지 않으면서 악한 행동을 하는 데는 익숙해지고 있다. 보이지 않는다고 양심도 저버렸다. 인터넷이 발달하면서 믿는 자들마저 양심이 썩어가고, 가식과 거짓 인격이 거룩한 삶으로 포장되는 세상으로 변하고 있다. 세상으로부터는 물론이고 교회에서조차 의욕을 상실당해 위기에 처한 영혼들을 적지 않게 볼 수 있다.

겉과 속이 다른 가면 놀이

겉과 속이 같게끔 표정을 관리하는 사람은 건강한 자아를 가진 사람이다. 이런 사람은 진실하다고 할 수 있다. 건강한 자아를 가진 이들끼리 교제를 나눈다면 별문제가 없지만, 둘 중 한 사람이라도 자아가 건강하지 못하면 주로 건강한 자아를 가진 사람이 상처를 받는다. 겉과 속이 다른 사람을 만나면 그의 말과 행동 하나하나에 숨은 의미까지 신경 써야 하기에 피곤이 쉽게 온다.

세상은 아담과 하와 이후로 이미 거짓과 가식으로 가득 차버렸고 양심의 가면을 쓴 상태다. 습관이 된 가면 놀이에 익숙해서, 가면을 벗고 자신을 드러내고 사는 것이 두렵고 어색할 정도가 되었다. 고층 아파트에 살면서도 어두운 커튼으로 실내를 가리듯, 가면으로 마음의 방을 가린다. 이런 게 가면 놀이다. 그러다 거짓말을 하는 속임수 놀이에까지 익숙해지면 추악한 죄인이 되어버린다. 가면 놀이가 기쁨을 안겨줄 줄 알았으나 만족은 없다. 자신만 더 외롭고 어두워질 뿐이다.

만약 수십 개의 가면을 쓴 사람을 만난다고 가정하자. 혹은 가면을 쓴 사람끼리 만난다고 상상해보자. 상상하기도 싫다. 생각만 해도 머리가 지끈거린다. 물을 마실 때도 토끼처럼 눈동자를 두리번거리며, 의심이 많아 주변을 살피고, 여우처럼 늘 꾀를 부리는 사람을 만나면 피곤할 것이다. 그런 사람과 교제를 나누는 것은 지치게만 하고, 결과도 남는 게 없는 무의미한 시간을 보낼 가능성이 크다.

보통의 건강한 사람은 눈빛과 눈동자만 보아도, 얼굴 근육이 변하는 것만 보아도 감정이 읽혀야 한다. 그러나 가면 놀이에 능한 이들은 좀처럼 감정을 들키지 않는다. 웬만해선 그런 사람의 생각을 읽을 수 없다.

그런데 사람들은 가면 놀이를 왜 할까? 진실을 마주하기가 겁나서,

자기의 허약한 마음이 드러날까 두려워서가 아닐까? 가면 놀이를 오래 하는 사람은 마음이 허약해서이기도 하지만, 흥미로운 건 가면 놀이를 해서 더 허약해지는 것이다.

심리학에선 가면 놀이를 하는 사람은 감정을 숨기는 데 능해서 신경이 고장 난 상태로 살아간다고 한다. 기쁨이 없다. 행복도 없다. 날마다 무표정과 찌든 얼굴로 살아간다. 영과 육이 고장 나 있다. 고장 난 영혼이 속임수에까지 익숙해지기 전에 얼른 가면을 벗어야 한다. 주님이 창조하신 그대로 에덴동산의 행복한 미소를 회복해야 한다.

따스한 햇볕을 받고 향기를 먹으며, 뽀얗고 환한 얼굴을 회복하기 위해 빨리 가면을 벗어버리자. 어두움에 익숙한 상태에서 벗어나야 하니 말이다. 우리는 지금, 왜 굳이 나를 가리게 되었는지 뒤돌아볼 시간을 가져야 할 한계점에 도달해 있다.

이제 가면 놀이를 멈추고, 순결하고 정결한 얼굴을 찾아야 할 때가 되었다. 욕심과 욕망, 시기와 질투, 미움과 분노, 거짓과 과장의 마음으로 가득한 마음으로 영혼을 살인하던 얼굴이 드러나기 전에, 가면 놀이를 그만 멈춰야 하지 않을까?

가짜 새 사람의 특징

초현실주의 화가 르네 마그리트Rene Magritte의 작품에는 얼굴을 가린 얼굴이 등장한다. 사과로 얼굴을 가린 그림이 대표작이다. 우리가 보는 일상의 모든 것들은 무엇인가에 가려져 있어 이미지는 환상일 뿐이고 조작된 것이라고 표현한 작품이다. 그의 작품 중에 담배 파이프를 자세히 그린 것이 있는데, 이 작품의 제목은 '이것은 파이프가 아니다'이다. 사과를 그린 그림에도 '이것은 사과가 아니다'라고 썼다. 가짜든 진짜든 대중화를 통해 진짜로 만드는 세상을 풍자한 것이다. 무엇이 진짜인지 알 수 없는 세상을 꼬집은 것이다. 뭔가를 포장하고 거짓을 사실처럼 밀어붙이면, 그 이미지에 세뇌당해 마치 그것이 고유명사인 것처럼, 거짓이 진짜가 된다.

세상은 보통 가짜일수록 진짜인 것처럼 홍보하려고 애쓴다. 무엇이 진짜인지 가짜인지 모르게 해서 가짜의 신빙성을 높이려는 의도이다. '전문용어'로 '물타기'라고도 한다. 사실은 가짜인데, 진짜로 둔갑하기 위해 할 수 있는 행동이다. 속여서 믿게만 하면 밑져야 본전이라는 속셈이다. 그러나 진짜는 가짜처럼 화려한 포장이나 기술이 없다. 그런 쪽으로 생각도 안 해보았고 할 필요도 없기 때문이다.

내가 병원에서 상담할 때, 자아분열과 혼란의 병을 가진 사람들의 말은 무엇이 진짜인지 구별하기 힘들어 진땀을 흘린 기억이 있다. 그런데 요즘은 사람들 대부분에게서 내면의 진실을 알기 힘들다는 것을 자주 느낀다. 하지만 솔로몬은 가짜 엄마와 진짜 엄마를 구별할 때 연기자처럼 사람들을 감쪽같이 속이는 가짜 엄마를 명쾌하게 구별했다. 누가 아기를 더 사랑하느냐, 누가 아기를 귀하게 여기고 가치를 부여하느냐를 본 것이다.

복에도 진짜 복이 있고 가짜 복이 있다. 진짜 복은 사람을 살리지만, 가짜 복은 처음엔 행복한 것 같으나 나중엔 해가 되기도 한다. 시편 16편 2절에서 "주 밖에는 복이 없다"라고 했다. 주 안에만 복이 있다는 것이다. 그래서 사람에게 진짜 복의 근원인 그리스도가 있는지 없는지를 보면 진짜와 가짜를 의외로 쉽고 간단하게 구별할 수 있다.

그런데, 진짜 복을 가진 사람의 삶이 편안하기만 하다면 말이 될까? 평안 말고 편안 말이다. 고난과 위기, 실패와 낙심은 구원받은 자에게도 찾아오는데, 삶이 무조건 편안하다는 신자가 과연 있을까?

편한 삶과 평안한 삶의 차이는 크다. 그리스도께서 그의 삶의 밖에 계시느냐 안에 계시느냐 하는 차이가 있기 때문이다. 진짜 복을 가진 신자는 불편과 고난 속에서도 평안을 누린다. 그리스도가 그의 안에 계시기 때문이다.

가짜 복을 가진 자는 부자라도 기쁨이 없고, 늘 욕심과 쾌락의 재미를 좇는다. 평안보다 편안한 삶을 찾는 것이다. 그런 사람은 말씀을 대해도 기쁨이 없고 평안이 없다. 하지만 가난해도 기쁨이 넘치고, 사방이 고난과 환란의 골짜기여도 실제로는 편안하게 잠을 자는 이가 있다. 진짜 복 있는 사람이요 진짜 새 사람이다.

때론 나도 진짜 새 사람인지 가짜 새 사람인지 구별하지 못할 행동을 가끔 한다. 깊이 생각하지 못하고 성급히 행동한 후에 후회할 때가 많다. 어쩌면 나의 고난과 위기와 실패와 갈등의 원인이 내 안에 있을 수 있다는 생각이 든다. 내가 가짜 새 사람이기 때문일 것이다. 스스로가 고난의 원인 제공자일 가능성을 배제할 수 없다.

자신이 가짜인지 구별할 수 있는가?

당신은 가짜인가? 아니면 진짜인가? 당신은 가면을 쓰고 있는가? 아니면 있는 그대로의 얼굴을 보여주고 사는가? 우리는 자신이 가짜인지 진짜인지 스스로 구별할 수 있을까? 자신이 겸손한 진짜 새 사람인지, 아니며 교만한 가짜임을 속이려고 위선의 가면을 쓴 것은 아닌지 구별할 수 있느냐는 질문이다.

슬프게도 세상엔 자기가 가짜임을 속이기 위해 가면을 쓰는 사람이 대부분인 것 같다. 그것이 진정한 자신이 드러나지 않는 SNS가 사랑받는 이유인지도 모른다. 그러나 정말 하나님을 더 슬프게 하는 것은, 우리가 인터넷에서 가면 놀이를 하기 이전에, 인터넷이 등장하기 오래 전부터 이미 가면을 쓰고 있었다는 것이다. 가짜 복을 따르고 가짜 복을 가졌던 것이다.

가짜 복을 가진 자의 내면에는 가짜라서 거절당할지 모른다는 두려움이 늘 지배하고 있다. 그래서 자세히 보면 가면 놀이를 하는 신앙인은 옛사람의 모습을 지닌 가짜 새 사람이다.

가면 놀이가 심각한 이유는 교회에까지 가면 놀이에 능한 자가 많다는 데 있다. 열등감의 가면, 시기의 가면, 질투의 가면, 거짓의 가면, 교만의 가면, 허세의 가면, 썩은 양심의 가면 등을 쓴 가짜 새 사람들의 연기 때문에 건강한 교인들은 늘 상처를 받는다.

하지만, 세상에선 물론이고 교회에서도 가짜 새 사람으로부터 상처와 수치를 받았다고 해서 너무 낙심하지는 말자. 당신이 받은 상처와 실패의 기억이 뇌에서 아예 삭제되지 않아 고통도 남을 것이다. 하지만 이 모든 것은 당신이 새 사람이 되는 데 정말 필요한 것이다. 상처마저 하나님의 소중한 선물 같은 것으로, 인생이라는 음식에 맛을 내는 식재료나 조미료일 뿐이다. 이 과정은 마치 예상 문제를 풀어가며 진짜 시험을 준비하는 모의고사와 같다. 진짜 시험에서 틀리지 않기 위해 모르는 문제를 미리 풀어보는 공부와 이치가 같은 것이다.

시험을 준비하면서 풀어보는 연습문제는 많이 틀려도 괜찮다. 몰라도 괜찮다. 실수해도 괜찮다. 다 틀려도 괜찮다. 진짜 시험에서 맞으면 된다. 연습 과정에서 겪는 실패는 진짜 시험을 준비하는 데 도움이 되는 보약에 불과하다. 상처 역시 하나님의 영광을 회복하는 데 도움을 주는 하나님의 은혜이다.

면역력 강화와 암 요소의 억제로 항암에 효과가 좋다는 차가버섯은 자작나무의 상처에서만 자란다. 상처를 이겨내기 위해 싸우면서 외부의 독과 싸우는 특별한 힘을 가지게 된 것이다. 그런 버섯은 상처가 있어야 자랄 수 있고 더 좋은 버섯이 된다. 십자가를 지신 그리스도는 마치 차가버섯과 같다. 죄로부터 면역력을 강화하고 상처를 치유하는 힘을 주시기 때문이다.

그리스도가 내 안에 있으면 세상의 재미는 못 누릴지 모르지만, 나에게 상처를 주는 세상과 싸울 능력과 지혜는 얻는다. 그리스도가 내 안에 임재하심으로 받는 진짜 복은 감당할 수 없는 기쁨을 주어 스스로 자족하게 만든다. 굳이 가면 놀이를 계속하면서, 고난, 위기, 실의, 수치, 아픔 속에 거하거나 현실에서 도피할 이유가 없다.

투명한 삶을 사는 지혜

시편 78편에 에브라임 족속이 등장한다. 일명 '마스길의 시'라고 한다. '마스길의 시'는 아삽의 손을 빌려 반항과 반역을 일삼고 있는 에브라임 민족이 정신을 차리도록 하려는 일종의 경고장이다.

에브라임 족속은 늘 하나님 앞에서 준비된 족속처럼 보였다. 하나님의 부르심이 있으면 항상 "네! 출정하겠습니다! 전쟁 준비하겠습니다! 주님은 말씀만 하세요! 저희가 나가 싸우겠습니다"라고 말은 했지만, 결국 공수표만 던졌다. 에브라임은 겁많은 족속이요, 거짓말 잘하는 족속이요, 표리부동한 자들이요, 임기응변에 뛰어난 자들이요, 허풍이 심한 족속이었다. 가면을 쓴 것처럼 두 개의 얼굴을 하고서, 관계를 유지하는 데는 능했다.

하나님께서는 에브라임을 신뢰하실 수 없었다. 책임감이 없고 결단력도 약한 자신들의 단점을 가리기 위해 거짓으로 하나님의 마음을 사는 가면 놀이를 즐겼기 때문이다. 그들은 마치 인터넷의 얼굴 없는 야수들처럼 이중인격의 삶을 살았다. 겉으로는 하나님께서 명하신 모든 것을 준비하는 척했지만, 실제로는 전혀 준비하지 않았다.

그들은 또한 시기와 질투가 많은 족속이었다. 질투 때문에 이스라엘과 하나님 사이에 틈이 생기도록 음해까지 하였다. 다른 족속이 하나님으로부터 멀어지게 하려는 의도였다. 이렇게 이간질과 배신을 쉽게 하기 위해 그들에게 가면이 필요했다. 성공으로 완성될 그림 속에 자신들이 설 자리가 없다고 판단되면, 어김없이 뒤도 돌아보지 않고 저버리는 배신자가 된 이유가 여기에 있다.

에브라임이 거짓으로 하나님으로부터 '투자 유치'를 받아 부를 창출하는 상습범이었음이, 반복되는 거짓이 꼬리를 물면서 모두 드러나게 되었다. 유익과 욕망을 따르고, 정작 자신이 할 일은 피해 다니는 유령 같은 삶을 살았다. 그렇게 책임으로부터 도피하는 에브라임의 모습은 가짜 새 사람의 그것과 같다.

우리들은 에브라임처럼 생명 없는 삶을 살게 되지 않으면 좋겠다. 노력도 없이 그저 열등감으로, 에브라임 족속처럼 거짓의 가면을 쓴 비겁한 사람은 불쌍하다. 거짓의 가면은 당신을 세상의 바다에서 허우적대게 만들 것이다. 실제로는 약하지만 강한 척하는 에브라임 족속처럼, 진짜처럼 포장된 거짓은 가짜 구명복처럼 생명을 잃게 할 수 있다. 하지만 정직하고 거룩한 모습으로 하나님과의 신뢰를 지키는 자에게는 '회복'을 은혜의 선물로 주신다.

우리는 진짜 새 사람인 척했지만 가짜 새 사람의 편한 삶을 추구했고, 편하지 않으면 고난이라고 여겼다. '나는 잘돼야 한다'라고 하면서 남이 잘되는 모습을 시기하며, 잘되지 못한 자신을 열등하다고 비교했다. 교만과 겸손의 차이를 몰라서 가짜 새 사람의 모습을 동경했다. 진짜 새 사람이 겪어야 할 헌신과 고난을 잊고서, 정작 우리의 믿음 생활은 속이 빈 로마의 마지막 시대를 닮아가는 걸 종종 발견한다. 에브라임 족속같이 외적으로 튼튼한 골격을 가졌고 장엄해 보이나, 속은 비었고 겉까지 물렁하며, 훈련과 결심이 극도로 부족하고 내면의 힘은 없는 사람 말이다.

한 번도 안 긁히며 살 수는 없다

가면 뒤로의 도피는 고난 극복의 답이 결코 아니다. 단 한 번도 긁히지 않은, 실패 없는 삶을 성취했다는 데에 가치를 둘 필요는 없다. 그리스도가 눈부시게 빛나시기에, 당신은 충분히 빛나는 사람이다.

과정 없이 결과를 내겠다는 생각도 잘못된 믿음이다. 세상은 고난, 상처, 실패, 설움, 실의, 배신, 그리고 낙심 그 자체다. 이런 경험이 없는 삶을 산 완전한 사람은 아직 한 명도 없다. 다 그런 세상에서 살기 때문이다. 다만 중요한 것은 어떻게 극복하느냐는 것이다. 그 몫은 바로 내 것이다.

감사하게도 팬데믹이라는 시간은 가면 쓴 자신의 모습을 점검할 수 있는 기회를 선사했다. 세상과는 단절하게 되었지만, 오히려 가면을 벗고 하나님과 더 가까이하는 삶을 회복할 전환점이 되었다.

우리가 언젠가 주님을 만날 때, 주님으로부터 "너 참 잘 살았다"라는 칭찬을 듣는 것 외에 무엇이 더 필요하랴. 사람들의 어떤 말과 평가든 신경 쓸 이유가 없다. 하나님 앞에서 버림받기보다 쓰임 받는 존재가 되는 것이 더 중요하다.

16

;

실망이라는 무기로 부서진 마음

돌변하는 사람

나이가 들어가니 6년이나 함께 학교생활을 했던 초등학교 친구들을 만나면 마음이 편안하다. 동기들은 동네 친구이자, 교회 친구이자, 학교 친구였다. 서로의 가정사도 성격도 모두 잘 알기에 숨길 것이 없어 편하다. 서로의 마음을 알고 있으니, 속이거나 돌변하는 태도 때문에 마음 상할 걱정을 하지 않아도 된다는 것이 내 마음이 편한 가장 큰 이유다.

그러나 나이가 들면 들수록 어릴 적 친구처럼 편한 친구를 사귄다는 것이 그리 쉽지 않다. 이미 각자 다른 세월의 맛을 경험한 사람들이 서로에게 유익하게끔 친구가 되는 일은 어렵다. 보통은 서로 다른 문화에서 다른 경험을 하며 성장했기에, 각자가 추구하는 가치관과 사상이 많이 달라 쉽게 실망하고 관계가 오래가기 어렵다. 그래서 사람들은 속마음을 드러내기를 주저할 수밖에 없다. 마음껏 속을 보여주는 사람은 멋있게 배신당하거나, 속이려는 사람에게 좋은 먹잇감이 되곤 한다. 반대로 속을 모르는 사람 때문에 선한 사람들은 사기를 당하거나 마음에 상처를 받는 경우가 있다. 그러면 오랫동안 트라우마로 남게 된다. 사람들이 나이가 들면 관계에 적당한 거리를 두려는 이유가 여기에 있다.

어떤 사람이 겉과 속이 다르게 돌변하는 사람인지 아닌지 식별하기란 쉽지 않다. 그 사람의 인격은 좋은지, 덕망은 있는지, 감사할 줄 아는 사람인지, 배려하는 사람인지 아닌지 등을 알 수만 있다면 얼마나 좋으랴. 하지만 알기는 불가능하다.

이런 걸 종합해 볼 때, 누군가 내게로 가까이 온다는 것은 속으로는 부서지기 쉬운 마음을 가지고 오는 것이기도 하다. 서로 절대적인 믿음을 가지고 결혼한 부부조차 부서지기 쉬운 마음을 가지고 살아가기는 마찬가지다. 결혼 후에 언젠가 돌변하는 마음 때문에, 한 번 정도는 서로의 마음이 부서지는 경험을 하게 된다. 문제는 내가 만나는 사람들이 어떤 가면을 썼는지 모른다는 데 있다.

나는 누군가가 마음먹고 나를 속이려 하면 쉽게 속는 편이다. 감정이 휩쓸려 사람을 온전히 식별하기 힘들다. 분별을 잘 못 하는 순간, 나는 가면 쓴 인격에 속고 만다. 믿어 주고 신뢰하다가, 믿었던 사람이 돌변하는 상황을 맞닥뜨리기도 한다. 가면을 벗을 때 마주친 무서운 눈빛의 잔상이 오래 남아 있기도 하다. 배신하지 않을 것이라고 믿었던 사람까지 나를 배신할 때, 부서지는 마음은 참으로 쓰리다.

사람은 의외로 쉽게 변한다. (주로 좋지 않은 쪽으로.) 절대로 변하지 않을 것이라고 믿었던 사람도 변할 수 있다. '혹시라도 원하는 걸 얻을까' 싶어 의도적으로 접근한 사람일수록 더 쉽게 변한다. 자신의 계획대로 되면 돌변하고, 목적을 이루지 못할 상황이 되어도 돌변한다. 그런 사람은 서로에게 서운한 감정이 들 때나 실망하면 언젠가는 뒤도 돌아보지 않고 돌아선다. 돌아서는 순간, 친구였던 상대는 적이 되고 마음에 큰 상처를 안긴다. 이런 경험은 특히 내 영이 맑지 않을 때 더 하게 된다. 그러고 나면 어둠 속에서 밝아야 할 빛이 어둠에 먹혀버린 것 같아서 마음마저 어두워진다.

세상은 점점 악한 모습으로 변해간다. 부서지기 쉬운 마음을 보호하고 다스릴 지혜와 용기를 겸비하지 않으면 단 하루도 견디기가 어렵다. 그럴 때 우리는 결단해야 한다. 일이나 관계 때문에 고통받고 무너질 때 일이나 사람과의 관계를 포기하든지, 아니면 영적 전투력을 높여 나의 마음을 부서지게 하는 것과 싸워야 할지 결정해야 하는 것이다.

실망으로 부서진 마음

한때 내 별명은 '야타 전도사'였다. 전도사 시절, 미국의 어느 거리에서 아이들이 보이는 대로 "야! 타!" 하면서 차에 태워 데리고 다니며, 먹이고 재우고 야학도 시키면서 복음을 전했기 때문이다. 방학이 되면 경신고등학교 수학 교사셨던 아버지께서 그들에게 수학을 가르치는 재능 기부도 하셨다.

그렇게 거리에서 만난 위기의 청소년들과 공동체 생활을 한 적이 있다. 문을 열면 8차선 대로가 바로 보이는 작은 원룸에서 청소년 십여 명이 빼곡히 모여 공동생활을 했다. 문이 열릴 때마다 지나가던 차와 행인들 눈에 방안이 훤히 보이는 열악한 장소였다.

내가 결혼하고서 구성원은 조금 바뀌었지만, 그런 청소년 사역은 계속 이어졌다. 학생들은 내가 결혼하고 이사한 신혼집에도 집 열쇠를 가지고 들락거렸다. 그들은 신혼부부의 침대에 자연스럽게 올라와 텔레비전을 보며 놀다 가곤 했다. 그런 일이 전혀 부담 없을 정도로 친숙하고 가족 같았다. 주일이면 최소 40명분의 음식을 넉넉히 준비해야 했어도, 아내의 헌신 덕분에 다음 세대를 위한 그 사역을 10년 넘게 이어 나갔다.

어느 추운 겨울밤, 해가 어둑해질 시간에 모르는 이로부터 전화가 걸려 왔다. 청년의 목소리였다. 다른 주에서 버스를 타고 무작정 상경했다고 말했다. 아는 목사님의 소개로 나의 전화번호를 알고서 도움을 청한 것이다. '얼마나 다급했으면 내게 전화를 다 했을까?' 하는 생각이 다른 생각을 모두 잠재웠다. 이 밤에 내가 이 청년을 외면하면 사고가 날지도 모른다는 생각에, 바로 나는 터미널로 가서 그 친구를 데리고 집으로 왔다. 그날부터 그는 6개월이나 우리 집에서 먹고 잤다.

나는 그 청년을 재워주고 먹여주었을 뿐 아니라, 학교를 알아봐주고 대학 등록비도 해결해주었다. 심지어 직장도 구해주었다. 하지만 그는 몇 달 뒤에 달라졌다. 말도 없이 사라졌다가, 도움이 필요하면 나타나서 우리 집에서 묵다가 사라지기를 반복했다. 그러는 일이 반복되면서, 그의 게으른 삶과 신뢰할 수 없는 행동 때문에 실망이 몰아쳤다. 내게 그를 소개받은 내 지인들도 큰 피해를 보았다.

때론 이 청년보다 더한 청년도 있었다. 내가 이민 생활의 거의 전부를 도와줬는데 아무 인사 없이 사라진 것이다. 정착에 필요한 모든 것을 도와주었고, 정착비와 필요한 급전도 마련해주었다. 그래놓고도 수년을 더 먹여주고 재위준 청년 가운데 인사도 없이 소식을 끊은 이들도 있다. 그럴 때 내 마음은 산산조각이 났다.

삶의 나이테가 늘어나면서 관계에서 배신당하거나 이용당하거나, 집단에서 왕따를 당해 마음이 부서지는 경험을 수없이 하게 된다. 그래서 새로운 관계를 시작한다는 것은 언제나 부담이다. 이제는 혹시라도 새로운 관계를 시작하게 되면 모든 바람을 내려놓고 형식적으로 필요한 만큼만 마음의 문을 열어주게 된다.

실망이란 상대적이어서, 내가 아무리 진실하게 대했다 해도 상대의 눈높이와 기대치에 부응하지 못하면 실망할 수 있다. 내가 잘못해서 상대에게 실망을 안기는 것이기도 하지만, 상대의 기대치에 부응하지 못한 것 때문에 내가 그 상대에게 실망하기도 한다. 나에게 지나친 기대를 했다고 생각하기 때문이다. 그런 식으로 자신에게 실망한 사람도 꽤 많을 것이다.

가장 실망스러운 일은 신뢰하던 사람, 영원할 것 같던 인간관계를 가져온 사람에게 받는 실망이다. 배신당하거나 속거나, 그런 사람일 리 없다는 식의 기대에 못 미치는 경우이다. 그럴 실망은 특히 나 같은 사람에게는 메가톤급 상처를 안기고 혼란을 준다.

실망의 치료제는 용서다

실망은 무기나 다름없다. 심장을 관통해서 마음을 부숴버리기 때문이다.

실망하게 만드는 주요 무기는 혀다. 말인 것이다. 혀가 얼마나 날카로운지, 칼처럼 사람의 마음을 갈라놓기도 하고 죽이기도 한다. 한편 몹시 간사하기도 해서 관계를 틀었다가 다시 붙여 놓기도 하며, 신뢰를 잃기도 하고 살리기도 한다. 그래서 주변 사람 중에 혀가 날카로워 내 마음을 부서지게 하는 사람이 있다면 멀리하는 것이 지혜일 수 있겠다는 생각이 든다.

실망으로 분노하고 미워하는 마음이 생길 때는 그 실망이 기억으로 굳어지기 전에 재빨리 버려야 한다. 실망에 직면했을 때는 오히려 긍정적으로 행동하는 것이 분노와 미움을 버리는 데 도움이 된다. 그러므로 실망으로 무너진 마음의 상처를 치유할지 안 할지의 선택은 자신에게 달려 있다.

배신과 실망으로 부서진 마음일지라도 성령님의 말씀에 전적으로 의지해서 상황을 통제하는 능력을 배운다면 실망과 상처 앞에서도 고개를 들고 살 수 있을 것이다.

배신과 실망의 상처를 치유할 수 있는 방법을 배우자. 모든 치유의 단계에는 당신을 위해 주님이 준비하신 때가 있음을 기억하라. 자신의 영혼이 거룩해지고, 고통을 극복하고 행복해지기 위해서라도, 믿음을 가진 자로서는 어떤 원수 같은 사람이라도, 어떤 배신이라도 용서하는 것이 마땅하다.

당신이 그리스도의 사랑으로 용서한다면, 실망으로 깨어졌던 약한 마음은 가장 단단한 마음이 될 것이다. 그리스도를 믿지 않는 사람일지라도 용서는 가장 사람다운 풍모를 갖게 하며, 쉽게 실망하고 깨지기 쉬운 유리 같은 마음을 돌처럼 강하게 만들 기회가 될 것이다.

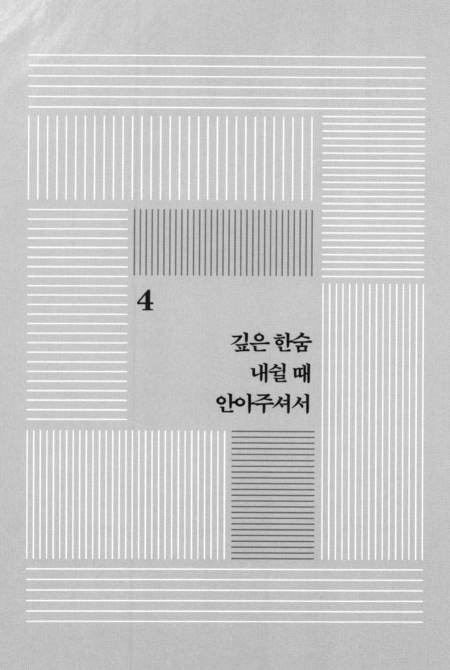

4

깊은 한숨
내쉴 때
안아주셔서

17

;

믿음 좋은 당신도 아플 때가 있다

아픈 걸 내버려두면

우리 교회는 2014년부터 지역교회와 협력하여 노숙자 사역을 해왔다. 갑자기 직장을 잃거나 하루아침에 집을 잃어 노숙자로 전락한 가정을 돕는 사역이다. 교회 지하실에 있는 10개의 교실에 침대와 가구를 들여놓고, 집이 없어진 가정을 2주간 입주시켜 자립할 수 있도록 돕는다.

하루는 아기가 있는 한 가정이 갑자기 입주하게 되어 내 사무실을 정리하고 침대를 들여놓게 되었다. 입주할 공간이 더 필요했기 때문이다. 서둘러 일하다가, 그만 튀어나온 침대 스프링에 내 무릎이 살짝 긁혔다. 할 일이 급해서이기도 했지만, 상처가 크지 않은 것 같아 치료하지 않았다.

무사히 그 가정을 입주시키고, 다음 날 주일에 설교하기 위해 강단에 섰다. 그런데 설교하는 동안 다리에 난 상처가 바지에 닿을 때마다 엄청난 통증이 느껴졌다. 예배 후에 살펴보니 환부가 곪아 있었다.

그럴 때가 있다. 상처가 났을 당시에는 별로 아프지 않아서 그냥 지나쳤는데, 어쩌다가 아물지 않은 그 환부를 건드리면 너무 아파서 숨도 제대로 못 쉴 정도로 곪아 있다. 닿지 않으면 모를 만큼 감각이 무뎌질 때도 있다. 이처럼 평소엔 인지하지 못할 만큼 작은 아픔이 내 안을 돌아다니는데, 알아차리지 못하고 살다가 어느 순간 엉뚱한 곳에서 살짝 닿기만 해도 아플 정도로 곪아 있는 경우이다. 간혹 너무 아파서, 혹은 방치한 게 너무 속상해서 엉엉 울게도 된다. 짠맛을 느낄 정도의 눈물을 흘리고 나서야, 그동안 아무 일도 아닌 줄 알았는데, 많이 아프고 슬펐다는 걸 뒤늦게 알아차리게 된다.

슬픔, 상처, 우울 따위는 바이러스에 노출돼 감염되는, 대수롭지 않은 감기 따위인 줄 알았다. 하지만 성인이어도, 심지어 의사일지라도 바이러스에 감염돼 감기에 걸릴 수 있듯, 믿음 좋은 당신에게도 위기, 아픔, 슬픔, 상실은 어김없이 찾아갈 수 있다. 고통의 크기는 사람마다 다르긴 하겠지만, 그걸 피할 길은 누구에게도 없다.

소중한 걸 잃어버리는 슬픔

아들은 태어나서부터 좋아하던 인형을 언제나 들고 다녔다. 어느 날내 눈에 5살이 된 아들의 낡은 애착 인형이 눈에 들어왔다. 너무 오래돼서 한쪽 눈은 사라지고 오른쪽 팔은 너덜거리고, 솜도 터진 인형을 들고 다니는 아들에게 그날따라 미안한 마음이 들었다. 새것으로 사 주기로 마음먹었다. 낡은 인형을 몰래 내다 버리고 새 인형을 사 들고 오면서, 기뻐할 아들의 모습을 상상했다. 그런데 상상과 달리, 새 인형을 받아 든 아들이 엉엉 울었다.

"아빠, 내 친구 '토미' 어디 갔어요? 난 그 인형이 좋아요. 찾아 주세요."

참 난감했다. 버린 걸 어쩌라고….

남녀노소를 막론하고 누구나 자신이 애착을 가졌던 것을 잃으면 상실감이 크다. 잃은 대상이 의미가 많이 부여된 것일수록 상실감은 더 크다. 의미를 부여하던 애착물을 다른 것으로 대치하고 싶지도 않겠지만, 혹여 다른 것으로 바꾼다 해도, 바꾼 것에서는 본래의 것에서 느끼던 만족을 동일하게 기대하기는 쉽지 않다. 잃어버린 의미까지 대신할 수는 없기 때문이다.

살면서 누구나 소중하게 여기던 무언가를 잃어버려 슬플 때가 있다. 돈이든 직업이든 집이든, 사랑하는 이와 사별하거나 애완동물을 떠나보내든, 그게 어떤 것이어도 소중한 것을 잃으면 슬픔과 상실감은 머릿속에 오래 남게 되는 법이다.

2012년 가을, 우리 교회의 한 청소년이 학교를 마치고 집에 돌아가는 길에 자동차 사고를 당했다. 그날 이후로 그 형제는 하반신 중도장애인이 되었다. 다리는 있으나 전혀 감각을 느낄 수 없어서 좌절 가운데 살아가게 되었다. 다리는 그저 거추장스러운 장식물이 되었다고 투정했다.

그가 의사결정을 마음대로 할 수 있는 스무 살이 되었을 때, 나에게 병원에 같이 가달라고 부탁했다. 엄마 몰래, 장식물이 된 자신의 다리를 자르고 싶어서였다. 얼마나 상심했기에 그랬을까? 그때를 생각하면 마음이 아프다.

신체의 기능을 잃게 되면 그 어떤 것으로도 원래와 같은 기능을 대신할 수 없다. 누구나 엄청난 상실의 늪에 빠지게 된다. 신체가 아닌 마음의 정체성을 잃거나 익숙했던 사회적 지위를 잃게 되어도, 그로 인한 상실감 또한 신체를 잃은 상실감 못지않게 힘들 것이다.

실의에 빠지면 행복의 자리는 슬픔이 차지한다. 스포츠맨이 다른 선수들에 비해 일찍 은퇴하게 될 때 슬픔에 빠질 수 있고, 직장에서 동료가 먼저 승진할 때도 그럴 수 있다. 당신이 누구보다 먼저 시험에 합격할 줄 알았는데 떨어져도 그럴 수 있다. "왜 내가 실패하고 상실감을 겪어야 하느냐"고 따지고 싶을 것이다. 심지어 자기보다 늦게 교회 온 집사가 먼저 장로가 되고 권사가 되는 모습을 봐도 그렇다.

하지만 우리는 하나님의 때를 모르는 것과 마찬가지로 하나님의 뜻도 잘 알지 못한다. 우리가 하나님의 모든 것을 알 수 있다면, 그분은 분명 하나님이 아닐 것이다.

상실감이 밀물처럼 밀려오면

사람들은 자신이 속한 공동체에서 같은 상실을 공유하기도 한다. 그것은 국민으로서 겪는 나라의 일일 수 있고, 직장에서 겪는 일일 수도 있다. 한 공간에서 사랑하거나, 갈등하거나, 다툴 때 생기는 정신적 또는 신체적 경험의 결과 또한 상실감이다.

한 공간에서 같이 사는 사람이나 가까운 사람일수록 상대의 부족이 쉽게 눈에 들어온다. 그래서 배려 없이 상대의 아픈 부분을 지적하고 수술하려는 데 익숙해진다. 우리는 그런 수술을 하면서, 개복만 하고 수술 부위는 열어둔 채 퇴원시키는 데에도 익숙하다. 그러면 '수술받은' 상대는 쉽게 상실의 늪에 빠져 실족하고 만다.

공동체에서 그런 관계 문제로 받는 상실과 슬픔은 아끼던 곰 인형을 잃어서 갖게 된 내 아이의 상실감보다 훨씬 클 것이다. 믿었던 사람이나 사랑하는 사람에 대한 신뢰가 한순간에 무너질 때 얻는 상실감은 어쩌면 인간에게 가장 익숙한 감정일 수 있다.

관계에서 큰 상실감을 느낀 사람은 스스로 울타리를 치고 자기만의 동굴로 들어가곤 한다. 엘리야처럼 로뎀나무 아래에 간신히 도착하게 되면, 너무나 지친 상태에서 주님께 마음을 내려놓을 것이다.

"주님 저 힘들었어요. 차라리 죽고 싶어요! 도와주세요."

하지만 당신이 힘들어 로뎀나무 아래로 간 이유를 주님은 당신보다 먼저 알고 계셨다. 주님은 지금도 당신이 축 처진 어깨로 터벅터벅 로뎀나무 아래로 걸어오는 모습을 지켜보고 계신다. 만약 코로나 시대인 요즘에 나무 아래로 온 당신을 주님께서 보시면, "어휴, 올여름은 매일 40도가 넘고 열대야였는데, 땀 흘리고 마스크까지 쓰고 왔으니 얼마나 지쳤니? 수고했다! 잘 왔어!"라고 말하지 않으실까?

주님은 당신이 슬퍼서 쓰러지도록 당신의 슬픔을 디자인하신 분이 결코 아니시다. 아버지의 계획은 당신의 실패가 아니라, 당신이 더 멋지게 성장하는 것이다. 강한 칼이 되려면 화롯불에 여러 번 들락거리며 많이 두들겨 맞아야 한다. 하나님은 당신이 강한 칼이 되도록 때를 기다리셨다.

사람은 자신의 내면 때문에 실의에 빠지는 경우도 있다. 연극배우가 연극이 끝나고 난 후 텅 빈 객석을 바라보며 허전한 감정을 느끼는 때가 그런 경우다. 혹은 못다 이룬 성취 때문에, 혹은 가지고 있는 것을 마저 잃을 것 같은 두려움 때문에 세상이 어둡게 보이고 공허해질 때가 있다. 그런 내적 상실감 때문에 어두운 밤길을 홀로 걷는 기분에 빠지게 되면, 당신은 어떤 일에서 작은 목표를 이루더라도 여전히 두렵고 외로울 것이다.

상실의 공포가 밀물처럼 밀려올 때는 어떻게 할까? 큰 소리로 찬양을 부르고, 자리에서 일어나 무작정 걸어도 보자. 조금만 더 힘을 내보자. 그러면 금세 새벽이 오고 찬란한 아침 햇살이 당신을 맞이할 것이다. 때가 되면 주님이 이루실 것이다. 그래서 우리는 인내가 필요하다. 시간이 지나면 상처에 딱지가 굳고 아픔이 아물어가면서 한층 성장해간다.

주님의 때가 이르기를 기다리자

우리는 '시간'을 문자로 쓸 때 학교에서 배운 대로 단순한 시간 흐름의 뜻을 가진 '크로노스'Chronos를 사용한다. 이 개념으로 각자 흐르는 시간 속에 기준을 정해놓고 시간을 관리하기 때문에, 모든 계획은 자신을 초조하게 만든다. 그러나 예수님은 시간을 '때(카이로스)가 차매'

라고 가르치신다. 모든 계획은 주님의 뜻에 따른 때가 이르러야 완성되고 성취된다.

그러므로 우리는 역사를 '카이로스'Chairos로 보아야 한다. 창조주 하나님과의 관계 속에서 일어나는 시간, 즉 역사를 주관하시는 하나님을 믿는 눈으로 시간을 보는 것이다. 이렇게 시간을 바라보는 관점을 크로노스에서 카이로스로 바꾸면, 나의 아픔과 슬픔은 주님의 계획을 이루기 위한 소망의 선물이 된다. 당신의 아픔도 주님의 때가 차면 없어진다. 상실의 시간은 주님께서 계획하신 당신을 향한 목표가 무르익어 가는 때를 뜻할 뿐이다.

지금 당신이 겪는 고난과 위기는 더 이상 아픔의 시간이 아니다. 신기하게도 하나님의 때가 차면 위기를 맞아도 맷집이 늘고, 인내가 늘고, 싸워 이길 용기도 생긴다. 어느 날부터 승산도 보인다. 그렇게 주님이 계획하신 때가 찰 때까지, 우리의 하루하루에서 뜻을 이루시는 하나님을 기대하자.

18

은밀한 흉터가 은혜의 흔적이 된다

상처라는 비밀을 감추고 살 수 있겠나?

비밀은 알려지지 않고 보이지 않아야 하는 것이다. 알려져서 유익한 비밀도 있으나, 드러나서 유익하지 않은 비밀도 있다. 아마 대부분은 그런 비밀을 하나라도 간직하며 살고 있을 것이다.

우리 교회 한 청년이 오른쪽 눈 밑에 난 흉터를 가리기 위해 머리카락 오른쪽을 항상 길게 기르고 다녔다. 어른들은 청년의 흉터가 그렇게까지 흉하지는 않으니 머리카락으로 눈을 가리지 않아도 된다고 위로했지만, 청년은 그 흉터를 반드시 가리고 다녔다. 그 청년 같은 사람은 상처가 생긴 후에 세상으로부터 받을지 모를 놀림이나 거절감을 감당할 자신이 없어서 그런 행동을 보인 것이다. 그처럼 큰 흉은 아닐 수 있지만, 누구나 남에게 알려지기가 꺼려지는 자기만의 상처를 지니고 있을 수 있다.

과거의 죄나 실패로 입은 상처를 비밀처럼 안고 살아가는 사람들은 흉터 같은 그 비밀이 드러나지 않기를 바라는 게 당연하다. 옛사람으로 살 때 지었던 죄를 누군가 계속 들춰내면 당연히 불편하다. 한 번의 실수에 대해 성실하게 죗값을 치른 사람에게는 과거의 상처를 들추는 일이 더 아프기 마련인 탓이다. 그래서 누군가의 지난날의 죄를 잊어 주는 사람은 마치 새 사람이 된 나의 모습만 기억해 주시는 예수님의 사랑을 느끼게 한다.

죄 사함이 없는 사회에서 산다는 것은 비극이 아닐 수 없다. 과거에 저질렀던 죄와 실수의 비밀이 파도와 함께 밀려드는 바다 쓰레기처럼 끊임없이 당신을 지치게 한다. 치욕적이고 씁쓸한 퇴장의 고통을 기다리며, 평생을 비틀거리게 만들 것이다.

상처의 후유증은 피와 진물 따위가 딱딱하게 굳어가는 딱지이다. 딱지가 흉터처럼 변하고 있을 때, 다 아물기 전에 누군가 또 건드리면 고통은 두 배가 된다. 겨우 나아지고 있는데, 만약 간신히 붙어 있을 정도로 덜렁거리는 딱지를 근거도 없고 악의적인 말로 의도적으로 긁어 건드리면, 그 고통은 실제로 피부가 느낄 고통과 상관없이 기분 나쁘게 아프다. 그렇게 건드린 상처는 날카로운 송곳으로 후벼 판 듯한 통증을 안긴다. 그 트라우마는 한참이 지나도 당신을 다시 할퀼 것이다.

어느 정도 아물어 덜렁거리던 딱지가 떨어지면, 상처가 있던 자리에는 말랑말랑한 새 피부가 올라오고 피고름의 흔적만 남은 맨살이 된다. 덜 아문 맨살은 실바람이 닿아도 몸서리치도록 까슬까슬한 느낌이 든다. 말랑말랑한 피부에 옷깃이라도 살짝 쓸리면 눈물이 찔끔 날 정도까진 아니어도, 잠깐은 숨이 멈출 만큼의 아픔에 머리털 몇 개가 쭈뼛 서기도 한다. 자칫 덜 아문 얇은 피부가 다시 찢어지고 염증이 재발하면, 그 상처는 흉터로 남을 수 있다.

중요한 것은, 상처와 아픔을 평생 숨기며 살 수는 없다는 사실이다. 무엇보다 건강한 삶을 유지할 수 없다. 아픔이 항상 정신건강의 발목을 잡을 것이기 때문이다. 건강한 삶을 살기 위해서는 드러난 아픔과 상처를 빨리 제거하고 잘 덮는 일과, 잘 아물도록 하는 치유와 회복이 동시에 이뤄져야 한다.

상처 주는 사람은 되지 말자

성경에도 은밀한 상처투성이의 사람들로 꽉 차 있다. 아무 죄 없이 억울하게 죽은 아벨, 사라 때문에 핏덩이 자식을 데리고 광야로 쫓겨난 여종 하갈, 형들에 의해 아무 죄 없이 애굽에 팔려 가서 13년이나 남의 집 종살이와 감옥을 전전한 요셉, 뭇남자들에게 버림받고 지금 사는 남자도 자기 남편이 아닌 채 목마른 인생을 사는 수가성 여인, 가난한 집에서 태어나 매춘으로 생계를 유지하다가 일곱 귀신 들린 불쌍한 여인 막달라 마리아, 구약이든 신약이든, 성경의 사람 중에 상처 없는 사람이 별로 없다.

은밀한 상처와 흉터들이 인생의 모든 구석에서 조용하게 주름을 잡고 있다. 아무 흉터 없고 상처도 아예 없는 사람은 어디에도 없다. 상처와 흔적 없이 성장한 사람 또한 없다. 그러니 숨기고 싶은 상처가 드러났을 때는 성령님께 기도하며, 상처를 지혜롭게 드러내고 치유하며 잘 회복하는 시간을 가지는 것이 상처를 다스리는 가장 좋은 방법이겠다.

상처의 흔적이 없다면, 당신은 하나님께서 창조하신 인간이 아니라 상처투성이인 인간이 만든 로봇에 불과할 것이다. 밥 대신 입력된 정보를 먹고, 동력으로 움직이고, 기름 칠해야 움직이는 고철덩이 로봇일 가능성이 크다. 로봇은 성령께서 치유하시는 능력을 받을 수 없다. 로봇이 상처의 흔적을 지우는 방법은 리셋reset 버튼을 누르는 것 외에 없다. 세상을 창조해본 적이 없는 불완전한 인간이 만든 로봇이라면 언젠가는 또 고장이 날 것이다.

우리는 다양한 이유로 상처받고 산다. 상처는 히브리어로 '쉐벨'이다. '깨지다, 망가지다'라는 뜻을 가진 '샤발'에서 나온 말이다. 이 상처를 신약성경에서는 '스칸달론'이라 부른다. '실족'이라는 뜻이다. 스칸달론에서 '스캔들'이 나왔다. 이 말의 원뜻은 '덫에 숨겨진 미끼'이다. 우리는 어디서나 미끼를 물 수 있고 덫에 걸릴 수도 있다. 상처는 특정한 장소에서만 생기는 것이 아니다. 미끼를 던진 곳, 미끼를 무는 모든 곳에 있다.

상처를 받은 사람이 믿음으로 받으면 그것으로 인해 유익을 얻지만, 상처를 주는 사람은 화를 당한다. 마태복음 18장 7절을 보면, "실족하게 하는 일이 없을 수는 없으나 실족하게 하는 그 사람에게 화가 있으리로다"라고 하셨다. 남을 실족시키며 상처를 건드리는 사람은 반드시 화를 당한다.

예수님은 실족하도록 덫을 놓는 바리새인들을 향해 "뱀들아! 독사의 자식들아!"라고 부르셨다. 누가복음 22장 31-32절에서는 베드로에게 "시몬아 시몬아 보라 사탄이 너희를 밀 까부르듯 하려고 요구하였으나 내가 너를 위하여 네 믿음이 떨어지지 않도록 기도하였노니 너는 돌이킨 후에 네 형제를 굳게 하라"고 말씀하셨다. 예수님이 하신 말씀은 제자 시몬이 시험을 당하지 않게 미리 막아주겠다는 것이 아니라, 그 시험에서 승리하도록 도와주겠다는 것이다. 주님은 당신이 넘어지는 것까지 막지는 않으시지만, 당신이 넘어져도 상처를 입지 않도록 붙잡아 주시고, 일어난 후에는 다른 형제를 격려하고 일으켜 세우도록 사용하겠다고 말씀하신다. 돌이킨 후에 형제를 굳게 하라는 말씀은 그런 뜻이다.

상처를 바꿔서 유익하게 만드시는 성령님께서 당신을 향해 걸고 계신 기대를 기억하자. 성령님과 동행하는 자는 상처를 치유하는 자이기에, 당신은 성령님의 치유하심을 경험하는 삶을 살아야 한다. 당신은 성령님께 날마다 나아가야 영이 깨지는 상처를 입지 않도록 보호받을 수 있다. 그러므로 상처받을 일이 있을 때마다, 당신은 더 열심을 내어 성령님께 나아가야 한다.

상처의 흔적을 드러내면 은혜의 흔적이 된다

나는 1985년 충무로에서 친구들과 방황하다가 데모 군중에 휩싸여 광화문까지 따라갔던 적이 있다. 그곳에서 나는 계획에도 없던 예수

전도단 화요모임에 참석하게 되었고, 그곳에서 은혜를 받았다. 예수전도단 화요모임은 나의 상처가 드러난 고향이 되었다. 하나님은 공허를 채우려 방황하던 나의 상처를 만지실 계획을 세우고 계셨다. 그곳에서 만난 오대원 목사님은 텅 빈 나의 공허감과 열등감의 상처를 말씀과 성령을 통해 만지셨다. 상처의 흔적은 내게 은혜가 되었다.

내게서 공허의 흔적을 보신 성령님께서 나를 긍휼히 여기셔서, 그 후로 내 인생의 큰 그림을 보여주기 시작하셨다. 성령께서 아파하는 나를 만지신 다음부터는 누구도 내 열정을 막을 수 없게 하셨다. 그때부터 내 마음속에 신앙에 대한 거룩한 부담이 생기게 하셨고, 잠시 다시 방황했을 때 교통사고를 통해 나를 그분 앞으로 다시 불러 엎드리게 하셨다.

방황하던 청년이 성장해서 노회의 노회장으로, 콜로라도 교회협의회 회장으로, 교수로, 선교회 이사로, 상담실 대표로, 그리고 목회자로 성장했다. 과거의 죄와 상처로 뒤범벅이 된, 자격 없고 부족한 내겐 어울리지 않는 선물들이다. 그리하여 모든 상처의 흔적은 내게 은혜가 되었다.

나는 우리 교회와 지역교회의 연합집회에 오대원 목사님을 모셨다. 내가 지녔던 '상처', 그 '공허한 인생의 흔적'이 은혜로 말미암은 회복을 체험하게 하셨던 성령님의 능력이, 이곳에도 나타나길 간절히 기대했기 때문이었다. 집회는 성공적이었다.

나는 덴버신학교 신학생들에게 자주 특강을 한다. 한번은 '목회자의 흔적'이라는 주제로 한 여러 번의 강의 중에서 첫 번째로 '당신의 상처를 보라'는 제목의 강의를 했다. 나는 그들에게 열등감, 상처, 리더십 등을 강의하면서, 이렇게 강조하고 또 강조했다.

"당신의 과거의 상처는 성령님의 동행하심을 체험할 수 있는 가장 좋은 도구입니다."

"당신이 상처받은 흔적은 영원히 남습니다. 그러나 추한 것은 아닙니다. 부끄러워하지 마십시오. 상처의 흉터는 은혜의 흔적입니다!"

때로는 과거에 생긴 상처의 흔적이 아물기도 전에 다른 상처가 그 자리를 덮을 수 있다. 내게도 과거에 입은 상처의 흔적이 치유되는 동안에 또다시 입은 온갖 상처로 딱지가 계속 생겼다. 하지만 나는 이제 하나님께서 세우신 나를 향한 계획에 대한 기대를 감출 수 없다.

아직은 몸을 움직일 때마다 아물지 않은 딱지가 쓸리는 아픔은 여전하다. 그럴 때면 주먹으로 입을 막고 로뎀나무 앞에 쓰러져 울부짖곤 한다. 상처가 또 생기거나 도지면 낙심하고 지쳐 쓰러졌다가 일어서기를 반복하는 것이다.

나는 하나님의 은혜와 변화를 원하면서도 내 상처의 흔적을 숨기려 했다. 하지만 반대로 나의 상처의 흔적을 드러내면 은혜의 흔적이 된다는 것을 깨달았다. 상처의 흔적을 은혜의 흔적으로 바꾸시는 성령님께서 방황하던 나를 사용하고 계신다. 그분의 놀라우신 계획과 능력에 감탄하며, 앞으로 나를 사용하실 주님의 계획에 대한 기대는 늘 만발이다. 세상의 오욕과 싸우면서 생긴 영적인 상처의 흉터들이 은혜의 흔적으로 바뀌어 가는 중이기 때문이다.

우리 삶에서 남겨야 할 흔적

사람은 이름을 남겨야 한다고 말한다. 사람에게 인정받도록 살라는 말이기도 하다. 그런데 그리스도인들이 남겨야 할 흔적은 다르다. 나의 이름을 남기려고 하면 수많은 죄의 상처를 남기게 되지만, 그리스도께 인정받는 삶을 사는 자의 흔적은 사랑이다.

사람에게 인정받는 것이 아니라, 여호와께 인정받는 삶을 택하며 살기란 쉽지 않다. 세상에서 당하는 고통이 너무 크기 때문이다. 아픔의 시간이 성장의 시간임을 알아도 그렇다. 그래서 언제나 나의 흔적을 남기기 위해, 뭔가를 얻기 위해, 이기기 위해 살았던 삶이었는데, 그러나 이제는 그리스도의 사랑의 흔적을 남기게 하신다. 나눠주고, 용서하고, 이해하고, 섬기고, 헌신하고, 참아주고, 그렇게 해서 위로의 흔적을 남기는 삶을 선택하도록 인도하신다. 하지만 이 가르침이 나에게는 아직 힘들고 낯설 때가 있다.

나도 나름 그리스도의 흔적을 남기려고 노력하려 한다. 한 예로, 나는 목사인 아빠로서 매일 딸을 보며 분을 삼키는 연습을 하는데, 쉽지는 않다. 할 수 있는 한 모든 일에서 나 자신을 누르고 인내하려 한다. 새벽 강대상 앞에서, 지금까지 내가 드러낼 수 없었거나 내게 상처를 입힌 분들을 용서할 수 있게 해달라고 울면서 간구도 한다. 그래도 그리스도의 흔적을 남기기는 쉽지 않다. 내 과거에 숨기고 싶은 은밀한 흔적이 너무 많아서, 그것을 지우고 그리스도의 흔적을 남기는 게 쉽지 않은 것이다. 버리지 못한 죄, 교만, 시기, 질투, 미움, 그리고 욕망과 같은 상처의 흔적이 가득해서 습관이 된 삶 때문이다. 그러나 상처의 흔적을 숨겨서는 건강한 인생을 살 수 없기에, 그리스도인은 자기 죄의 흔적을 지우려 하기보다 남겨야 하는 그리스도의 흔적에 더 집중해야 한다.

지나간 시간의 흔적들을 뒤돌아보자. 저마다 크기만 다를 뿐, 인생이 흔들린 흔적들이 있다. 은밀한 풍랑이 일어 당신의 인생에 소요가 일어날 때, 어찌해야 할지 몰라 우왕좌왕하며 믿음이 바닥을 보일 때가 있었다. 그 풍랑이 처음 당한 것이라면 소요의 흔들림은 더 심하다. 소요가 일면 당신은 어떻게 대처했는가? 은밀한 상처의 흔적이 드러나고 당신의 삶에 돌풍이 일어나 어찌해야 할지 모른다면, 사도 바울에게서 해결의 지혜를 얻어보자.

바울이 어디를 가든 그의 주변에서 소요가 일어났다. 그가 사역을 시작하자 세상은 말도 안 되는 트집과 거짓 소문으로 그를 곤란에 빠지게 했다. 사도행전 19장을 보면 말도 안 되는 법을 적용하여 바울 일행을 죄인으로 몰아붙인 걸 볼 수 있다. 신용 있고 덕망 높았던 바울이 "사람의 손으로 만든 것은 신이 아니라"고 말하며 우상을 비판했다는 이유로, 졸지에 그를 고소하는 소요에 휘말린 것이다. 백성은 "아니 땐 굴뚝에 연기 나랴"라는 식으로 일부 사람들의 말만 듣고 바울의 말은 듣지 않았다. 그의 명예는 땅에 떨어졌다.

바울은 말도 안 되는 트집으로 올가미에 걸렸지만, 그는 진실과 우직함으로 억울한 상황을 이겨냈다. 인생의 폭풍을 만났지만, 소요가 끝날 때까지 평정을 잃지 않고 담담한 모습을 보여주었다. 20장 1절에서 '소요가 그치매'라는 말은 그 소요가 결국 바울을 흔들지 못했다는 뜻이다.

어떤 소요도 당신의 인생을 침몰시키지 못한다. 소요는 반드시 그칠 것이니 흔들리지 않아도 된다. 주님이 방패가 되고 산성 되시니 두려울 것이 없다. 소요 가운데 생긴 은밀한 상처가 아무리 커도 당신을 무너뜨리는 무기는 더 이상 될 수 없다.

흔들리는 고난의 시간도 믿음으로 흔들리지 않으면 견딜 수 있다. 세상이 겹은 줄 수 있다. 그러나 그 소요로 말미암아 당신이 죽거나 망하지는 않는다. 우리를 죽음에서도 구원하시는 역전의 주님이 계시기 때문이다.

소요는 그칠 것이다. 은밀한 상처가 당신을 잡으면 다윗처럼, 바울처럼 이겨보자. 누군가 소요를 일으켜 은밀한 상처를 입히려고 대적해 와도 믿음으로 누리는 평안이 당신과 함께할 것이다. 소요와 풍랑이 우리보다는 강하지만, 예수 그리스도의 능력보다는 약하기 때문이다.

19

;

고통이 필요해도 안주하지는 말라

고통에 안주하는 이유

상담을 하다 보면 남편의 학대에서 과감히 벗어나지 못하거나, 친구나 상사의 왕따나 폭력을 받아들이며 사는 사람을 간혹 대하곤 한다. 때론 상습적이기까지 한 학대에서 탈출하지 못하는 이들을 보면 마음이 아프다. 그들은 폭력에 몸서리를 치면서도 남편과 친구들로부터 당할 해코지가 두려워 탈출할 용기를 내지 못하는 것이다. 불쌍해서 내가 도우려 해도 고통에 안주하는 길을 택한다.

고통을 벗어나려면 그 상황에서 나와야 하는데, 그 결단이 힘들 수 있다는 것은 이해한다. 그것이 학대에서 탈출해야 하는 문제라면, 사실 용기를 내기가 몹시 힘들다. 그래서 차라리 고통스러운 상황에 안주해버리는 것이다. 그러나 나쁜 일이든 좋은 일이든, 변화 없이 현재에 안주하는 것은 좋지 않다. 기존의 삶에 익숙하면 성장도 없고 무기력에서 빠져나오기가 힘들다. 익숙함을 지우고 그로부터 자유롭기까지 많은 시간, 고통을 이겨내야 한다.

나는 2020년 팬데믹이 시작할 무렵에 열렸던 예수전도단 DTS를 인도하면서 한 청년을 만났다. 그는 3개월의 훈련 기간 동안 좀처럼 마음을 열지 않았다. 가까운 사람에게 어떤 상처를 받은 뒤 마음의 빗장을 걸어 잠그고, 새로운 사람에게 익숙해지는 걸 거부하고 있었다. 조금 친해져서 관계가 익숙해지면 오히려 자유스럽지 못해서인지, 그는 익숙해진 관계를 애써 토해내려 했다. 모든 것에 익숙해지기도 싫어했다. 또 다가올지 모를 관계의 고통으로부터 자유롭기 위해, 익숙함을 지우려 노력하는 모습이 역력해 보였다. 훈련을 받는 동안 별 고민도 하지 않고, 후회도 하지 않으려는 것 같았다. 아마도 고통에 익숙해지는 것 역시 두려워서 그랬던 것 같다.

고통에 익숙해지지 말라

새로운 고통이 두렵다고 해서, '익숙한 고통에 익숙한 삶'을 살아가는 것은 괴롭다. 그런데도 고통에 익숙한 사람이 의외로 제법 많다. 그들은 그 고통이 조금이라도 줄어들 때까지, 아니 고통에 익숙해질 때까지 인내하면서, 아예 고통에 무감각해지려고 노력하는 것 같다.

주어진 환경에 익숙해지는 것은 평안과 안정을 가져와서 좋은 것이지만, 고통에 익숙해지는 것은 위험하다. 고통받는 것마저 습관이 될 수 있기 때문이다. 습관은 삶이 된다. 그러므로 고통을 삶으로 여기면 안 된다. 그런 사람은 자신뿐 아니라 주변에도 위기이다. 고통이 습관이 된 사람이 고통을 당연한 것으로 알면, 자신도 누군가에게 고통을 주는 사람으로 변할 수 있기 때문이다.

마찬가지로, 행복이라는 감정도 일종의 습관이다. 행복에 익숙한 사람은 행복을 추구할 줄 안다. 진짜 다이아몬드만 보면서 훈련한 감정사가 가짜를 보는 순간 단번에 가짜라는 것을 알아차리는 원리와 같다. 고통과 불행에 익숙한 사람은 행복이 무엇인지, 얼마나 좋은 것인지, 어떻게 추구하는 것인지 알지 못해 고통스럽고 불행한 삶에 안주한다. 고통이 가짜 다이아몬드라면 행복은 진짜 다이아몬드다. 행복에 익숙해야 고통에 익숙해지지 않을 수 있다.

당신은 죄와 고통에 습관이 든 사람이 되고 싶은가? 아니면 진리와 행복에 습관이 든 사람이 되고 싶은가? 죄에 습관이 든 사람은 죄 없는 세상에서 사는 것이 익숙할 수 없다. 그래서 늘 어두운 세상을 찾아간다. 죄에 습관이 든 사람은 희망이 무엇인지 생각도 하지 못한다. 생각이 부정적인 사람은 긍정의 힘을 모른다. 그러므로 희망을 보고 싶은 사람은 의도적으로 고통과 부정적인 감정에서 벗어나도록 노력해야 한다. 긍정적인 감정을 맘껏 부풀리는 훈련이 필요하다.

희망을 품고 아픔을 버리려는 감정 통제 의지는 주님의 자녀들이 가져야 할 너무나도 중요한 덕목이다. 사랑하는 이의 고백을 받은 날 하늘이 새롭게 느껴지고 하루가 설레는 것처럼, 희망을 품을 때 모든 것이 새롭게 느껴지고 심장은 흥분과 설렘으로 쿵쾅거린다. 그래서 고통이 아닌 희망을 품고, 고통을 이기려는 노력은 중요하다.

반대로 고통에 지나치게 익숙해지면 아예 고통을 즐기게 된다. 내가 노숙자 사역을 하면서 만나는 분들은 주로 중독자들이다. 마약, 대마초, 술, 담배, 도박, 주식, 게임 등으로 모든 것을 잃고 노숙자가 된 분들의 공통점은 '익숙함에 빠진다'라는 것이다. 흡연 중독에 빠진 뇌가 니코틴이 몸에 좋지 않다는 것을 알면서 자꾸 담배를 찾는 것도 같은 원리다.

　　한번은 아내와 내가 중독자가 된 어느 한인 여성을 정신과 병동에서 노숙자들만 사는 곳으로 모셔다드리는 봉사를 한 적이 있다. 그녀는 자신에게 익숙한 환각제를 먹을 수 없는 그곳을 싫어했다. 그녀는 그곳에서 도망쳐 다시 익숙한 중독에 빠져버렸고, 결국 정신병원과 교도소를 전전했다.

　　익숙해진다는 것은 중독된다는 뜻이다. 좋은 의미로 중독되는 것은 당연히 좋은 일이다. 사랑하는 사람에게 중독되는 게 그런 경우다. 하지만 중독은 주로 나쁜 의미로 사용된다. 뇌는 고통스러워도 익숙해진 감정, 곧 중독을 계속 느끼려 한다. 죄, 외로움, 유혹, 스트레스, 비난, 거절 같은 문제를 많이 겪은 사람은 아프고 고통스러워도 그런 것들에 익숙해진다.

　　하지만 하나님은 우리가 인격적으로 성숙해지고 영적으로 성장할 수 있도록 온유와 겸손을 가지고 살아가도록 계획하셨다. 그래서 성령님을 우리에게 보내주셨다. 성령에 익숙해진 사람은 진정한 행복이 무엇인지를 알고 즐기게 될 것이다.

고통이 필요한 때도 있지만

우리 교회 집사님 중에 횟집을 운영하는 분이 계셨다. 그 횟집에서 쓰는 활어는 무려 18시간이나 캘리포니아로부터 싣고 오는 것이라고 한다. 무려 캘리포니아에서 콜로라도까지 오는 건데, 그만하면 빨리 오는 편이다.

활어를 수조 트럭에 싣고 올 때, 그 활어를 잡아먹는 천적 물고기 한 마리를 수조 탱크에 함께 넣어 온다고 한다. 우럭, 도미, 광어 사이에 작은 상어 같은 걸 넣어둔다는 것이다. 상식적으로는 말이 안 될 것 같은데, 그것이 활어들이 캄캄한 탱크 안에서 죽지 않게 하는 비법이라고 한다. 활어들이 상어에게 잡히지 않기 위해 긴장하며 열심히 피하다 보면, 어둡고 좁은 수조에서 만 하루를 싱싱하게 살아 있을 수 있다는 것이다. 하지만 천적을 넣지 않으면 나태하게 멈춰 있다가 출렁거리는 물 속에서 탱크에 부딪히기도 해서 거의 다 죽는다고 한다.

주님은 우리로 하여금 우리를 미워할 대상을 계속 만나게 하심으로, 우리가 나태해져 익숙한 죄의 생활에 빠져 죽지 않도록 하신다. 그러므로 위기와 고통은 우리에게 어쩌면 천적 같은 것이다. 심지어 위기를 통해 그분의 사랑이 얼마나 위대하신지를 보여주시고, 우리에게 사랑의 삶을 가르치기도 하신다.

어쩌면 천적과 마찬가지로, 주님이 우리에게 악한 본성을 주심으로 우리가 성령의 열매를 맺는 삶을 살도록 계획하셨던 것인지 모른다. 주님은 때론 우리가 성장 과정에서 거짓말 때문에 곤욕을 치르게 하심으로 우리에게 정직을 가르치신다. 평강의 삶을 가르치기 위해 혼란스럽고 시끄러운 삶을 겪게 하시는 것도 같은 경우다. 부모 공경을 가르치기 위해 자녀를 키우도록 하셨다. 고통을 이기게 하시려고 고통을 주시는 것도 그런 의미일 것이다. 주님의 사랑에는 때로는 이렇게 역설이 있다. 특별히 우리가 소명자의 길을 걷다 보면 위기와 고통을 반드시 겪는다. 소명자가 사명자로 성장하기 위해서다. 고난을 이겨내기 위해서는 반드시 아픔을 겪어야 하는 것이다.

미국 속담에 "No Pain, No Gain"이라는 말이 있다. 필라델피아 웨스트민스터 신학교에서 공부할 때, 헬라어 시간에 가장 많이 듣던 말이다. 고통 없이 좋은 결과를 얻을 수 없고, 아픔 없이 계획한 일을 이룰 수 없다는 뜻이다. 인내와 노력으로 고통을 이겨야 진정한 성취를 얻을 수 있다는 말이다.

한 글자도 공부하지 않고서 좋은 성적을 낼 수 없듯이, 날마다 주님과 동행하려는 노력도 없이 주님의 능력을 체험할 수는 없다. 고통이 필요한 것이지만, 그러나 고통에 익숙해지기만 해선 안 된다. 고통에 익숙하거나 차라리 고난이 편안하다는 말은 그것에 안주하고 있다는 뜻이기 때문이다. 고통이 없을 순 없지만, 고통에 안주하지 말고 이겨내야 한다. 고통과의 싸움을 포기해선 안 된다. 그 싸움이 우리가 변화되고 성장하는 계기가 되기가 되는 탓이다.

변화하려는 노력이 없으면 성장은 없다. 지금의 모습이 습관이 되어 성장을 꾀하지 않을 것이기 때문이다. 하지만 하나님은 당신이 성장하기 위해 기회를 주셨다. 그 기회가 바로 현재의 고난이다.

모세를 하나님께서 택하신 만큼 적합한 자로 만드시는 데 40년이 걸렸던 것처럼, 고작 일주일이면 백성 모두가 걸어서 도달하기에 충분하고 가까운 길을 놔두고 40년 광야 생활을 하게 하신 이유를 우리는 잘 안다. 하나님께서 원하시는 만큼 이스라엘 백성이 성장하기를 원하셨던 것이다.

미국에서 가족과 함께 대륙횡단을 할 때, 온종일 주변 풍경에 아무 변화가 없는 들판 한 가운데의 도로를 운전하다 보면 오히려 지루해서 집중력을 잃고 사고를 낼 뻔한 적이 많았다. 그러나 기름이 다 떨어져, 주유소를 찾으려 정신 차리고 긴장하며 운전할 때는 사고의 위험이 줄어들었다. 인생의 목적지까지 가는 데 장애는 얼마든지 많다. 우리가 가는 길을 지체하게 만드는 모든 고난과 장애물에는 하나님께서 우리에게 뜻하신 영적 교훈이 담겨 있다. 그러므로 우리가 고통에 익숙해서 깨닫는 것 없이 시간을 보내는 것은 안타까운 일이다. 고통에 익숙해지지 말자. 그리스도라는 희망을 바라보며, 세상의 고통과 충돌하면서 미래를 준비해 나가야 한다.

내부 공사가 진행되는 동안

외로움, 유혹, 스트레스, 비난, 거절, 상실, 중독, 수치, 욱여쌈 등의 위기가 찾아오는 것은 하나님께서 당신의 인생을 내부부터 수리하고 계시는 중이라는 증거다. 고통과 상처로 여기저기가 망가져 무너지기 일보 직전에 있는 내면의 공사 중인 것이 분명하다. 당신의 인격과 자질, 마음의 집을 정비하고 계신 것이다. 그러므로 고통으로 시작한 공사는 당신이 변화하는 시간이다. 새로운 인생의 새 장이 시작되는 것이기에, 더 깊고 진한 삶의 향기가 드러날 것이다.

그런데, 인생의 내부 공사를 하다 보면 외부로부터의 적보다 내면으로부터의 적이 더 힘들게 할 때가 있다. 고집불통인 사람, 교만한 사람, 욕망이 가득한 사람은 자신의 인생 공사를 지연시킬 뿐이다. 말하자면, 죄가 삶의 변화와 성장을 더디게 만드는 것이다. 에스라와 백성들이 이스라엘로 귀환하여 성전을 재건축할 때 방해한 자들은 사마리아와 예루살렘 성 근처에 살던 토호 세력으로서, 이스라엘에겐 원래 형제 같은 이들이었다. 이방인이 아닌 내부의 형제가 훼방한 것이다. 우리도 자신의 내면에서 공사를 방해하는 요소를 제거해야 한다.

공사가 진행 중인 동안에도 하나님께서는 당신과 늘 동행하신다. 우리는 그저 갈 수 있는 만큼 작은 걸음이라도 한 발자국씩 내딛고서 가는 거다. 당신이 잠잠히 가야 할 길을 가고, 해야 할 일을 하는 하늘 인생을 살기로 다짐하고 기도하며 인내하다 보면, 언젠가 하늘이 움직일 것이다. 고통의 시간은 우리를 하늘에 반응하는 사람으로 드러나게 할 것이다.

그러므로 위기의 고통은 인생의 마침표가 아니라 어쩌면 인생의 쉼표이다. 새로운 도전에 익숙해질 때까지는 그 위기의 고통을 인내하자. 다만 안주하지는 말아야 한다. 집의 인테리어를 바꾸는 공사를 하는 동안엔 다른 곳에 가서 잠시 살거나 여행을 다녀야 하듯, 고통스러운 내부 공사가 진행되는 동안엔 한숨 좀 쉬며 주변도 돌아보는 여유를 가지자.

20

내 상처를 포장할 이유는 없다

상처는 주님이 이미 가져가셨다

부끄러운 이야기이지만, 나는 남에게 말하기 부끄러운 상처가 참 많다. 그 상처를 보이면서 살고 싶지 않아 나도 모르게 숨기게 된다. 밝혀져도 사실 큰 흉이 아닐지 모르지만, 숨기다 보니 이제는 자신 있게 밝히기에 늦어버린 비밀도 있다. 그래서 더 부끄러운 것 같고 창피하게 느껴진다. 자신에게 숨겨진 모습을 드러낸다는 것은 쉬운 일이 아니다.

누구나 다른 사람이 가까이 다가오면 주춤하게 된다. 새로 알게 된 사람이면 더욱 그렇다. 자기 속의 상처가 드러날까 두려워 거리를 두는 것이다. 거리를 두고 있음에도 불구하고 상대방이 내 속으로 들어오려는 것 같으면 크게 부담이 된다. 그럴 땐 참 난감하다.

사람들은 보통 관계에서 일정한 선을 두는 것을 지혜롭다고 생각한다. 관계의 경계가 확실하지 않으면 오해를 살 수도 있기 때문이다. 하지만 관계에서 일정한 선을 유지하기란 쉽지 않다. 선을 지키는 것 역시 또 다른 오해를 불러올 수 있기 때문이다. 그런 사람 중에, 간혹 자기는 상대와 거리를 지키기를 원하면서 상대는 용납하지 않고, 스스로는 밤하늘의 별처럼 빛나기를 바란다. 그렇다면 착각이고 뻔뻔한 것이다. 나만 그런가?

사람은 자신의 상처와 연약함은 숨기면서 반짝이는 별은 되고 싶어한다. 진정한 별이라면 요한처럼 예수님만 밝히고 사라져야 한다는 진리를 잊은 채로 말이다. 사실 나도 그런 우스꽝스러운 사람 중 한 사람이다. 상처는 숨기고 싶고, 주목은 받고 싶은 사람 말이다. 늘 주목받으며 살아가려는 것은 결코 건강한 자아가 아닌데, 공주나 왕자가 되고 싶은 사람이 의외로 많다.

그러면 어떤 사람이 건강한 사람인가? 자신을 있는 그대로 숨김없이 보여주어도 괜찮을 만큼 투명한 사람이다. 그런 사람은 죄 없이 깨끗하고 순결한 영혼을 가졌다고 할 수 있지만, 상처받고 죄가 있었더라도 회개하고서 자신을 드러낼 수 있는 사람이기도 하다. 건강한 관계를 원한다면, 자신이 먼저 투명한 사람이 되어야 한다.

그래서 그리스도인은 비록 금이 가고 부서졌어도, 넘어지고 상처받았어도 이제는 주님이 쓰실 그릇이 되도록 정직하고 깨끗하게 살아가려는 노력이 필요하다. 과거의 상처가 있더라도 이제는 주님 앞에서 맑고 순결한 모습으로 살아간다면, 상처를 숨기기에 급급할 이유는 이미 사라질 것이다. 상처는 주님이 이미 가져가셨기 때문에, 그에게 상처는 더 이상 수치가 아니다. 주님 앞에는 지금 우리의 모습 그대로 나아가야 한다.

감추거나 포장하지 않아도 좋다

어느 화가가 하루는 거리의 노숙인을 보고서, 도시의 뒷골목을 떠도는 그의 비참한 모습을 화폭에 담으면 좋겠다는 생각이 들었다. 그들의 어려움을 알릴 수 있는 꽤 훌륭한 그림이 탄생할 것이라고 기대하였다. 화가는 더러운 누더기를 걸친 채 피곤에 찌들어 있는 한 노숙인에게 자신의 모델이 되어달라고 간청했다. 다음 날 아침, 그 노숙인이 화가의 집에 왔는데, 예의를 차린답시고 목욕을 하고 말끔한 차림이었다. 화가는 계획했던 대로 허름하고 삶의 고뇌가 담긴 노숙인의 모습을 그림에 담을 수 없게 되자 그를 돌려보냈다. 이 이야기의 교훈처럼, 자신의 본모습을 감추거나 포장하는 것은 옳지 않다. 오히려 삶에 나쁜 결과나 손해를 끼칠 수도 있다.

우리는 자기의 모습 그대로 나설 수 있는 용기가 필요하다. 자신의 아픔과 상처를 자랑삼아 드러낼 필요까지는 없지만, 부족한 면이 많아도 숨기지 않고 드러내는 용기는 필요하다. 스스로 용기를 내기 힘들면, 때로 하나님께서 먼저 초청하실 때가 있으니 그 기회는 놓치지 말자. 그럴 땐 치장하지 말고 있는 모습 그대로 나아가야 한다. 주님께서 나의 모습 그대로 부르셨기에, 나의 상처와 아픔을 포장할 이유는 없다.

내가 섬기던 교회는 노숙자들이 교회 이곳저곳에 계신 모습이 전혀 낯설지 않은 독특한 교회였다. 소문이 나서 그런지 노숙자들과 교도소에서 갓 출소한 분들이 많이 다녀가셨다. 다른 교회에서 우리 교회로 가라고 소개까지 해주셨고, 인근의 노숙자보호소나 정신병원에서 연고자가 없는 분이 퇴소할 경우엔 도움을 요청하기도 했다. 그래서 주일이면 교회 로비에 도움을 청하는 이들이 한두 명은 늘 서 있었고, 교회 주차장에서 술을 마시고 예배실로 들어오는 분도 있었다. 목욕을 안 해서 쾌쾌한 냄새가 났고, 술 냄새까지 어우러진 예배가 익숙한 교회였다.

갑자기 직장을 잃고 아기를 데리고 길 밖으로 내던져져서, 며칠을 굶다가 교회 앞 기차역에서 내게 구걸하다가 우리 교회로 들어온 가족이 있었다. 그날 밤 이후 그들은 내 사무실에서 2주 동안 살았다. 그 가족은 하루아침에 노숙자가 되었지만, 교회에 들어오면서 삶이 바뀌었다. 하나님을 모르고서 세상에서 허덕이던 그들에게 하나님께서 만져주시는 은혜가 삶을 바꾸어주었다. 이 진리를 알면 누구라도 숨기고 싶은 상처가 얼마나 많고 컸든 별거 아니다. 하나님이 만지시면 무엇이든 별것이 아닌 것을 우리는 잘 알고 있지 않은가!

내가 그 교회에서 다른 교회로 임지를 옮기게 되었을 때, 그들은 나와 함께 찍은 사진 한 장을 보여주었다. 교회가 그들에게 전화기를 나눠주고 난 후 본당에서 찍은 사진이었다. 하나님을 모르던 그들을 주님께서 부르셨을 때, 그들이 만약 자기 모습을 감추려고 주께 나오지 않았다면 그렇게 새 사람이 될 수는 없었을 것이다. 나에게 보여준 그 사진이 바로 새 사람이 된 흔적이자 증거인 셈이다. 상처 때문에 그리스도를 만날 수 있었기에, 상처의 흔적은 그들에게 정말 소중하고 아름다운 것이 되었다.

하나님 앞에서 우리의 상처는 그저 아름다울 뿐이다. 감추거나 포장하지 않아도, 상처는 당신이 충분히 아름다운 존재라는 증거다. 그러므로 우리도 자신을 숨기지 않고 주님의 부르심 앞에 나아가는 것이 중요하다.

상처 입은 분을 만져드릴 때

한번은 한인사회에서 주먹 꽤 쓴다고 소문난 '어깨' 한 분이 우리 교회에 발을 디뎠다. 그날 그분은 예배 시작부터 축도가 마치는 순간까지 나의 시선을 강탈했다. 중절모를 쓰고 맨 앞에 앉아, 양팔은 예배당 장의자에 걸치고 다리는 꼬고서 예배를 드리셨다. 가끔 설교 중간에 무슨 소리인지 한마디씩 하여 예배의 흐름을 끊어주시면서, 큰 기침으로 장단도 맞춰주셨다.

시간이 흘러 어느덧 일 년이 지나갔다. 어느 주일, 예배 후에 그가 나를 불렀다. 자세히 보니 예배 때 우셨던 것 같다. 은혜를 받으신 것이다! 중절모 어깨, 아니 신사! 그에게 성령님이 임하셨다. 주님은 그의 상처도 아름답게 보시고 일 년을 기다리고 준비하셨던 것이다.

그는 아내 폭행과 사기 등 몇 가지 명목으로 구형을 받았는데, 남은 형량에 대해 법정 투쟁을 하고 있었다. 그중 한 가지의 죗값은 치르고 나왔는데, 나오자마자 다른 소송에 걸려 또 재판을 받고 있었다. 앞으로 2년간 보호관찰을 받는 동안 심리 상담사를 지정해야 하는데, 법원에서 나를 지명했던 것이다. 그렇게 시작된 만남을 통해 그는 우리 교회로 나와 복음을 받았고, 그가 부리던 동네의 어깨들까지 주님 앞으로 이끄는 전도자가 되었다. 그러니 그들의 상처가 얼마나 아름다운가! 복음을 받게 된 상처였다. 그들은 자신을 인정해주고 만져주신 분은 평생에 오직 주님밖에 없다고 간증했다.

동네 어깨인 중절모 신사는 1년 8개월의 제자 양육을 마치던 날, 사람들에게 자신의 상처와 아픔을 모두 드러냈음에도 불구하고 평강을 느낀 적은 처음이었노라고 고백하며, 자신을 인정해주고 함께 해준 사람은 그의 인생에서 내가 처음이었다고 간증했다. 교회 안에서만 있던 나 같은 사람은 전혀 느낄 수 없는 신선하고 낯선 간증이었다.

그는 간증을 마치고 나서, 진행 중이던 재판에서 중범죄자로 판결 받았기 때문에 바로 교도소로 들어갔다. 내 평생 교회에서 군대 가는 사람을 위해 기도해본 적은 있어도, 교도소로 잡혀가는 중죄인을 위해 경찰관을 옆에 두고서 기도로 배웅한 적은 처음이었다. 마음이 착잡했다. 하지만 감사한 마음은 그만큼 컸다.

나는 그 신사를 비롯해, 수많은 위기의 청소년과 거리의 사람들을 섬겼다. 상처 입은 분들의 상처를 만져드릴 때 나만이 느끼는 기쁨이 있기 때문이다. 내가 그 아름다운 순간을 누릴 수 있는 도구로서 쓰임 받을 수 있도록 하나님께서 허락하신 것에 대해 오늘도 감사 드린다.

우리의 아픔에 하나님께서 함께하시면

우리 교회는 마치 아둘람 동굴에 모인 공동체 같았다. 다윗이 자신을 죽이려던 사울 왕을 피해 달아난 곳이 아둘람이다. 그래서 아둘람 굴과 엔게디 사막은 다윗의 아픔과 상처, 위기와 고난을 대표하는 곳이다. 다윗이 그곳으로 피신했다는 소문을 듣고 몰려든 자들이 아둘람 공동체를 이루었다. 환난을 겪은 자와 빚진 자와 마음이 원통한 자들이 그에게 모였고, 다윗은 그들의 우두머리가 되었다. 그와 함께 한 자가 무려 사백 명 가량이었다(삼상 22:2).

아둘람에 모인 4백 명은 스스로 세상과 자가격리를 한 사람들이었다. 상처받고 미약한 상태의 그들은 마치 외인구단처럼 사회에서는 신용불량자 취급을 받았다. 가정과 직장을 잃고 전전긍긍하면서, 세상에서 내쳐져 외로운 사람들이었다. 사회는 그들을 외면했고, 그들은 사회를 불편해했다.

다윗은 사울의 질투 때문에 어쩔 수 없이 이스라엘에서 블레셋 땅으로 도망갔다가, 그곳에서도 죽음의 위협을 느껴 죽음의 땅 광야로 나왔던 것이다. 그는 실패의 종말을 무덤 같은 동굴에서 보내게 되었다. 그곳이 바로 아둘람이다. 그러나 그곳에서 세상과 격리하게 되면서, 아둘람은 오히려 주님께 자신의 모든 것을 드리도록 준비하는 기회의 장소가 되었다.

오늘날의 아둘람은 상처받고 아프고, 외롭고 지치고, 버림받고 상실감에 움츠리고 있는 일상을 상징한다. 우리는 아둘람 같은 일상에서 격리되었고 서로에게 소외된 자들이다. 그렇다고 해서 그 일상이 생각만큼 나쁘거나 수치스러운 것은 결코 아니다. 오히려 자랑스러운 곳이 될 수도 있다.

적어도 아둘람 공동체에 모인 자들은 서로의 상처를 드러내놓고, 주님의 치유의 손으로 회복의 수술을 해달라고 부르짖었다. 서로를 격려하며 상처를 보살펴주며, 새 사람으로 회복되는 길에 동참했다. 세상은 그들을 낙오자라고 불렀지만, 그들은 다윗 왕조를 위한 열정의 군사들이 되어 아무도 막을 수 없는 자들이 되었다.

아픔이 없는 것만이 형통은 아니다. 하나님께 드러낸 우리의 아픔에 하나님께서 함께하심이 형통인 것이다. 따라서 내 뜻대로 된 것이 형통이 아니다. 하나님의 뜻대로 된 것이 형통이다.

순결하게 드러낸 우리의 아픔에는 하나님께서 분명히 함께하신다. 요셉에게 여호와께서 함께하심을 보여주신 것처럼(창 39:1-3), 그리고 하나님께서 다윗에게 하신 것처럼, 상처와 환난 가운데서도 하나님 앞에 거룩하고 순결한 모습으로 나오는 자에게는 야베스의 기도에 응답하신 것처럼 지경을 넓혀주셨고, 그릇을 크게 해주셨고, 모든 근심에서 벗어나게 하셨다.

사람들이 아무리 비웃어도 당당하게 주님 앞에 나와 다윗처럼 춤추자. 환난으로 인해 마음이 뻥 뚫렸다면, 하나님의 능력과 겸손의 삶으로 그 빈 곳을 채워보자. 주님과 함께할 새로운 추억을 담을 그릇으로 준비되어서, 삶의 지경을 넓혀 보자.

21

;

피투성이라도 살아 있으라

초라한 시간 앞에 서면 갖고 싶은 것

살다 보면 피비린내 나는 전쟁터에서 이리 찢기고 저리 찢겨 피투성이가 된 자신을 바라보는 순간을 마주할 때가 있다. 세상에서 가치 없고 낙오자라고 여겨지는 순간이다. 학교나 직장에서 왕따를 당할 때나, 명절이 되어도 따뜻한 밥상 한번 못 받을 때 소외감과 외로움으로 힘이 빠지는 것처럼, 상실과 허탈함이 득실거리는 초라한 시간 앞에 서는 것이다. 자신이 세상에서 아무도 신경 써 주지 않는 투명 인간이라고 여겨질 때, 피투성이가 된 패잔병처럼 지치고 상한 심령을 질질 끌며 로뎀나무 아래로 터벅터벅 내려가고 있는 자신의 모습을 발견할지 모른다.

나는 마음의 상처가 너무 커서 힘들면, 가끔 내가 내 마음속을 보고 싶을 때가 있다. 그래서 하나님께 "제 마음을 볼 수 있는 '심령 거울'을 갖고 싶어요. 내가 얼마나 아픈지, 얼마나 건강한지 보고 싶어요"라는, 말도 안 되는 기도를 할 때가 있는 것이다. 심령 거울이 있어서 내 마음을 볼 수 있다면, 내게서 슬픔과 탄식이 나오는 순간과 그 이유를 볼 수 있을까? 이런 바람을 품는 건, 아마도 내 상황이 슬프기 때문일 것이다.

만약 나 자신을 심령 거울로 들여다보면 고약한 냄새와 쓴물이 올라오는 모습도 보일 것 같다. 구역질 나는 역겨운 냄새는 외부의 상황 때문이 아니라, 바로 내 안의 죄 때문이라는 것을 보게 될 것이다. 그렇게 심령 거울을 통해, 하나님의 법을 순종하고자 하는 내 안에 정결과 정반대 되는 세력이 공존하고 있는 것을 보게 되지 않을까 싶어 걱정도 된다. 그럴 때 우리는 이전엔 전혀 볼 수 없었던, 어둡고 깊은 심해 속에 있는 탄식과 슬픔의 원인을 발견할 수도 있을 것이다. 당신이 마주한 상심의 원인을 하나하나 찾아가다 보면, 그 심해에 연관된 죄도 보게 될 것이다. 환경과 죄에 굴복하는 자신의 형편 때문에 탄식하고 슬퍼하고 말 것이다.

나는 왜 이렇게 약한가요?

하루는 특별히 힘든 일이 생긴 것도 아니었는데, 그날은 그냥 유독 밤이 너무 길었다. 과거로 사라진 일이 갑자기 멱살을 잡다가, 당장 내일이 무섭고 막막해 가슴이 답답해졌다. 다 망친 것 같다는 생각에 좌절도 했다. 후원자나 동역자들과의 관계, 자녀들과의 관계, 성도들 간의 분쟁 등, 여러 가지 안 좋은 일들이 불쑥불쑥 튀어나와 힘들게 했다. 그런 날엔 엎드릴 힘도 없어서, 얼굴을 파묻은 자세로, 신음하듯 기도를 시작했다.

"하나님."

하나님은 "왜 또…?"라고 하실 것만 같았지만, 간절한 마음으로 여쭈었다.

"하나님, 나는 왜 이렇게 연약한가요?"

그랬더니 그날 밤, 하나님은 이 한마디를 하시며, 나를 깊이 어루만지셨다.

"피투성이라도 체념하지 마."

"피투성이라도 살아 있으라"는 에스겔서 16장 6절의 말씀이었다. 내 모습이 피투성이인 것을 보셨나 보다. 나는 고백했다.

"그래요. 얻어터져 피투성이가 된 저, 여기 로뎀나무 아래에 왔어요."

주님의 손길을 믿음으로 기대하며 내 마음을 털어놓은 순간, 마음에 평안이 찾아왔다.

"우리는 힘이 있는 사람이나 세력에게 눌림을 당할 때 체념과 굴종에 빠질 때가 있습니다. 그럴 때 살아 있는 모습을 하고 있기는 하지만 이미 죽은 사람이 되어 버릴 수 있습니다. 체념은 이렇게 무서운 것이며, 이미 죽은 것과 마찬가지입니다."

하정완 목사님의 〈오래 숨쉬기〉에 나오는 이야기다. 세상의 눌림 때문에 포기도 체념도 말라는 당부다. 우리는 힘들어서 체념하고 싶어도, 하나님께서는 한순간도 우리를 잊지 않고 체념하지도 않으시니, 온전히 하나님을 신뢰하고 일어나라는 격려다.

누구도 하나님을 볼 수 없다. 하나님이 보이지 않는 것은 누구의 눈에도 너무도 당연하다. 그분의 생각과 뜻 또한 알 수 없고, 이해할 수도 없다. 우리가 하나님을 볼 수 있고 이해할 수 있다면, 하나님이 아니실 것이다. 하지만 하나님은 늘 우리를 보고 계시다.

그분은 늘 당신을 생각하시고 당신을 위한 미래를 계획하신다. 하나님께서 가장 귀하고 쓸모 있게 여기시고 사랑하시는 이가 바로 당신이다. 자신이 만든 그릇 하나하나에 남다른 애착이 많은 창조자이시다. 당신이 병들어서 아픈지, 공격받아 처절한 패배를 맛보고 있는지, 외로운지 또는 슬픈지, 모두 알고 계시다.

기차여행에서 비틀거릴 때

누구에게나 기차여행을 할 때 가장 기분 좋은 순간은 아마도 기차여행을 한다는 설레는 마음을 가지고 있을 출발 시점, 즉 기차가 스르르 움직이는 순간일 것이다. 다음으로 멋진 풍경은 창밖의 풍경이 반대로 달려가고 있을 때일 것이다. 움직이는 풍경에 속아서 기차가 움직이는 것을 느끼지 못할 때인 것이다. 그런데 화장실을 가려고 복도를 걸어갈 때는 기차가 움직이고 있다는 것을 비로소 깨닫고 비틀거리게 된다.

우리는 종종 일이 꼬여 잘 안 풀리고, 실패가 이어지고, 이미 습관이 된 나쁜 말이 생각과 다르게 조절되지 않고, 가까워지고 싶은 관계가 마음처럼 가까워지지 않을 때가 있다. 아름다웠던 추억과 미래의 꿈은 창밖의 풍경처럼 끊임없이 머릿속을 스쳐 지나가는데, 마음의 상처는 깊어가고 있음을 미처 알아차리지 못하는 때이다. 그럴 때, 삶이 비로소 흔들리고 있음을 깨닫게 되고 비틀거리게 되는 것이다.

죄에 매여 있어서일까? 너무 세상이 좋아서일까? 어떤 때는 지나가는 풍경도 자신도 보이지 않고, 기차가 달리고 있는 줄도 모르고 밀려서 살다가, 갑자기 인생이라는 기차가 흔들리고 있음을 직시하게 된다. 그렇다면, 그럴 때 심령 거울을 보자. 내가 탄 기차가 흔들리는 걸 느끼기 시작했는지, 아니면 자신이 비틀거리는지 알기 위해서….

당신의 인생에서 위기는 언제였는가? 멋진 풍경을 기대하며 출발했는데, 비틀거리는 자기 모습을 발견할 때가…?

새 일을 시작할 때 두렵다면

당신 앞에 새로운 사람, 새로운 일, 새로운 주제, 새로운 관계, 새로운 조건이 기다리고 있을 때가 언젠가 생길 것이다. 사실은 그때가 걱정되고 두려운 시간이다. 그 순간은 아무리 풀어도 풀리지 않는 수학 문제처럼 당신을 초조하게 만들고, 문제를 풀지 못해 성적이 떨어져 경쟁에서 밀릴 것 같은 걱정을 하게 만든다. 당신이 새 일을 시작할 때, 실패의 흔적이 생각나서일 것이다. 그러면 두려워지고, 집중력도 떨어지고 우울증까지 올 수 있다.

새로운 일을 실행하려 할 때마다, 당신의 심령 거울을 들여다보라. 당신의 마음 벽에 바울이 본 것 같은 죄라는 상처의 흔적이 전시장의 그림처럼 줄줄이 붙어 있을 것이다. 그러나 바울은 새로운 일을 계획할 때마다 주님의 위로로 두려움을 이겨냈다. 새로운 일을 시작할 때 겪게 되는 갈등이나 두려움 따위는 흔히 마주하게 되는 것들이기에 이겨내야 한다.

세상은 당신을 흔들고 상처를 주려 할 것이다. 상처를 받으면 마음에 시기, 질투, 미움과 분노 같은 걸 품게 된다. 이런 죄성이 마음에 들어 오면 마음이 흔들린다. 하지만 상처를 주는 세상을 두려워하지 말자. 자신을 속이지 말고, 주님 앞에 투명하게 나아가는 훈련을 하자.

당신이 열심히 뭔가 해보려 할 때, '힘내지 말고 포기하자'라는 소리가 들리더라도 절대 흔들리지 말자. 그럴 때는 차라리 세상에 눈을 감고 귀를 막아버리자. 당신이 처한 상황과 처지를 보지도 말고, 주님의 약속만 바라보자. 그 약속에 기쁨의 이유가 있다.

내 안에 시끄러운 마음을 조장하고 흔들리게 하는 죄를 없애고, 다시 눈을 뜨자. 비틀거리게 만드는 상황은 보지 말고 내 마음속에 들어와 계신 그리스도를 보아야 한다. 당신이 새롭게 시작할 수 있도록, 그리스도께서 당신의 마음이 흔들린 이유를 살짝 귀띔해 주실 것이다. 그것이 예수님의 위로와 격려일 것이다.

어설픈 위로보다 스스로 일어나기

사람들 앞에서 마음이 상하게 되면 보통은 괜찮은 척하게 된다. 자신을 포장하기 쉬운 것이다. 적어도 목사인 내 경우는 그렇다. 하지만 내가 내 마음을 숨기려 할 때, 내 아내와 딸은 나의 흔들리는 마음을 금세 알아차린다. 마찬가지로, 누군가 상한 마음을 숨기려 해도 반드시 드러난다.

아닌 척하고 어설프게 포장하는 것은 유익하지 못하다. 자기의 상태를 속이거나 제대로 표현하지 않으면 '힘내, 기도할게, 위축되지 말고' 같은 상투적이고 별 의미 없는 위로만 듣게 된다. 이런 격려는 참된 격려가 못 될 때가 많다. 상처받은 사람은 위로를 받고 싶어 하는데, 사람마다 상처를 입은 환경과 이유가 달라서 뻔한 위로나 격려는 오히려 독이 될 수 있는 탓이다. 잘못하다가는 진짜 마음이 상해 있는 사람의 속을 후비고 파고들어 오히려 더 큰 상처를 남길 수 있다.

반대로 내가 상처를 받았을 때, 사람들로부터 멋진 위로를 기대하면 상처가 덧날 수 있다. 어설픈 위로가 상처를 더 후벼파서 또 다른 아픔을 선사하지 않도록 조심해야 할지 모른다.

인생은 세월과 연결되어 있어서, 어느 순간에 과거의 상한 마음이 다시 기억날 수도 있다. 상한 마음의 고통은 저절로 사라지지 않기 때문이다. 남아있는 상한 마음이 결국 끝까지 발목을 잡을 수 있다. 그래서 어떤 때는 위로를 기대하기보다, 상한 심령을 가졌지만 스스로 일어나는 연습이 필요하다. 그러니 상한 마음이라고 울부짖지만 말자. 스스로 이겨낼 준비를 하자.

바닥까지 내려온 고통과 상한 마음은 위선적인 행동이나 세상의 지위 같은 것으로 해소되지 않는다. 당신의 존재 가치는 하나님이 주신 지위가 결정한다. 당신의 삶의 존재와 품격을 그리스도의 품에서 찾고, 당신의 삶의 무게를 재는 일을 세상의 눈과 귀에 맡기지 않으면 좋겠다.

지금 위기 앞에 서 있다면, 세상의 격려를 기다리는 수동적인 삶보다, 그리스도의 구원 능력을 믿고 스스로 일어나려는 능동적인 삶을 살자. 주님은 가나안의 혼인 잔치에서 물을 포도주로 변하게 하신 것처럼, 우리의 상한 마음을 잔칫집처럼 기쁜 새 마음으로 바꾸실 것이다.

5

나 자신을
마주할
용기 주셔서

22

상한 심령의 예배를 받으신다

아버지에게 상처받은 자매

교회의 다민족 사역이 제법 성장했다. 어느 날 교회 직원이 자매 둘을 데리고 목양실로 들어오며 말했다.

"목사님, 외국인들이 또 찾아오셨어요."

자매 둘은 파키스탄 아버지와 한인 어머니 사이에서 태어난 이민 2세로서 친자매였다. 모슬렘 사회에서 아버지와 친척들의 학대를 받으며 자랐다고 했다. 그들은 세상 법 위에 있는 일명 '샤리아' 법을 적용해 다른 종교로 개종하려는 이 자매를 학대했던 것이다. 그들은 그리스도를 영접한 순간부터 가족을 잃었고, 어린 시절을 잃었고, 받아야 할 사랑을 잃었다. 나를 만나기 이전에 가지고 있던 어린 시절의 추억도 잊어야 했다. 그들의 과거로 돌아갈 수 없게 된 것이다. 그래서 그녀의 어머니가 지인의 소개를 받고, 멀리 네브라스카에서 우리 교회로 피신시킨 것이었다.

이들은 미국인임에도 불구하고 몰래 예배드리고 성경 공부를 해야만 했다. 자매들은 세례 교육을 받는 수개월 동안, 아버지가 사람들을 보내 자신들을 찾아내지 않을까 하는 두려움에 사로잡혀 있었다.

모슬렘은 개종하는 즉시 가족들로부터 엄청난 고난을 받는다. 실제로, 그들은 내게 오기 전에 시카고로 피신했다가 잡혀서 고초를 당한 적이 있었다. 다행히 어머니의 도움으로 다시 도망쳤지만, 이곳에서의 생활도 안심할 수는 없었다. 그리고 1년이 지났다. 그 사이에 성경 공부를 하는 파키스탄 모슬렘 자매는 4명으로 늘어났다. 그들과 비밀리에 하는 성경 공부는 내가 소련에서 지하교회 교인들과 하던 성경 공부 시간을 생각나게 했다. 누구보다 복음에 간절한 그들의 모습은 소련 지하교회 교인들과 비슷했다.

그들이 세례를 받을 즈음, 나는 미국 교회 목사님의 도움으로 은행 직원이 되도록 직장을 구해주었다. 내가 보증을 서서 운전면허를 갱신하고 은행 계좌의 개설까지 도왔다. 그들의 안전과 생활을 돕는 일은 쉽지 않았고, 마음의 회복을 돕는 일은 더 쉽지 않았다.

어느 날, 소식을 들은 자매의 오빠가 찾아왔다. 우리는 매우 긴장했지만, 하나님의 놀라운 반전이 기다리고 있었다. 오빠도 예수님을 믿고 싶다고 했다. 우리는 오빠에게도 세례를 베풀었다. 오빠가 오던 날, 나는 그들의 어머니와 통화를 하게 되었다. 전화기 너머로 들려온 어머니의 목소리가 잊히지 않는다.

"목사님, 우리 남매를 꼭 도와주세요. 우리는 늘 두려웠어요. 매일이 공포였어요. 세상이 무섭게 느껴지니 아무것도 할 수 없었고, 너무나 외로웠습니다. 세상엔 우리만 있는 것 같았습니다. 우리를 도와주는 사람이 아무도 없고, 늘 감시의 눈뿐이었습니다. 그런데 목사님은 진심으로 돌봐주셨습니다. 제가 예전에는 크리스천이었는데, 남편에게 속아서 결혼하고 고생이 많습니다. 저를 위해서도 기도 부탁드립니다."

자매 두 명이 시작했던 성경 공부는 그 오빠가 개종한 뒤로 다섯 명으로 늘었다. 기적이었다. 상한 그들의 영과 육이 치유되면서, 그들의 삶 또한 변해갔다. 그들이 울부짖으며 예배드리는 모습을 볼 때마다 나는 감동하였다. 그들은 상한 마음을 가지고 로뎀나무로 내려왔지만, 진정한 예배자가 되었다.

가장 사랑을 받고 싶은 이에게서도 소외감과 상한 마음이 생길 수 있다. 그 이유가 학대까지는 아니어도, 가족에게 받는 것이라면 상실감과 상처는 크다. 가족에게 사랑 대신 받은 실망과 상처가 그들의 마음을 가득 채우고 있었으니, 그들의 삶은 늘 공허했을 것이다. 하지만 그들은 그 상한 마음을 그대로 들고서 예수님을 찾았다. 그리고 인생의 계절이 몇 번 바뀌면서, 그들은 용서라는 구원의 비밀을 알게 되었다. 어둡고 추워도 참고 기다리면 겨울이 가고 봄이 온다는 진리도 알게 되었다.

미움과 분노와 응어리졌던 상처를 쏟아내며 영적 자가격리에 들어갔던 그들이 어릴 때부터 자신들을 학대한 모슬렘 아버지를 용서하기까지는 20년이 넘게 걸렸다. 그동안 다섯 청년에게 세상은 추웠지만, 그리스도의 품어주시는 온기가 따뜻했기에 버틸 수 있었다.

가을에 양파를 다른 땅에 옮겨 심으면, 겨울이 지난 후에는 맛이 더 좋고 튼튼해진다고 한다. 그런 것처럼, 다섯 청년들은 주님의 땅에 옮겨 심겨지면서 튼튼한 그리스도의 열매가 되었다.

상한 심령을 필요로 하신다

그리스도로 인해 기뻐하게 된 상한 심령은 유연하고 나긋해진다. 하나님을 가장 기쁘게 해드릴 수 있는 상태이기에, 자신이 빚어진 뜻대로 사용되는 일에 기꺼이 자신을 드린다. 엘리야처럼 로뎀나무 아래에 온 상한 심령은 하나님께서 어떤 감동과 사명을 주시든 수용할 준비가 되어 있다.

상한 심령을 지닌 사람의 특징은 하나님의 말씀을 반영하는 데 있다. 상한 마음을 지닌 사람은 사무엘이 "말씀하소서 주의 종이 듣겠나이다"(삼 3:1)라고 말한 것처럼 그분의 말씀에 반응할 준비가 되어 있다. 또한 다윗처럼 "너희는 내 얼굴을 찾으라 하실 때에 내가 마음으로 주께 말하되 여호와여 내가 주의 얼굴을 찾으리이다 하였나이다"(시 27:8)라고 말한다. 또한 바울이 "주여, 뉘시오니까?"(행 9:5)라고 말한 것처럼 여호와를 두려워한다. 그래서 주님은 우리의 상한 심령을 기대하고 기다리신다.

당신은 상한 심령인가? 잘 모르겠다고? 인생의 위기를 경험하고, 실망, 실패, 배신, 갈등, 열등감의 흔적을 가졌다면, 당신이 바로 상한 심령이다.

그리스도로 인해 새 옷을 입은 새로운 자아가 되면 옛 자아와 달리 겸손하며 타인을 긍휼히 여길 줄 안다. 어려운 자를 위해 애통해할 줄도 안다. 상한 심령이란 이렇게 새로운 마음의 옷을 입은 자를 말한다. 상한 심령을 가진 자는 위기와 상처의 파고를 이겨내는 힘도 강해진다. 당신이 얼마나 애통하는가에 따라 임박한 태풍이 무사히 지나갈 가능성은 커진다.

애굽의 시삭이 큰 군대를 거느리고 올라와 유다의 견고한 성읍을 취하고 예루살렘 성 앞에 진을 치고서 위협한 사건을 기억해보라(왕상 11장, 대하 12장). 이스라엘의 위기가 아닐 수 없었다. 그러나 그때 나라를 위해 애통해하는 자가 없었다. 모두 숨어버리고 말았다. 이때 제사장 스마야만이 하나님 앞에서 탄식했다. 그는 하나님과 멀어진 백성들과 이스라엘을 향해 하나님을 두려워하라고 호소하며, 애통해하면서 기도했다. 하나님의 구원을 위해 애통해하는 이 한 사람 때문에 이스라엘은 겸비해졌고 결국 구원받았다. 하나님께서 스마야 선지자를 통해서 말씀하셨다.

…그들이 스스로 겸비하였으니 내가 멸하지 아니하고 저희를 조금 구원하여 나의 노를 시삭의 손을 통하여 예루살렘에 쏟지 아니하리라
_대하 12:5-7

하나님은 애통할 줄 알고 하나님께 충성할 줄 아는 자를 사용하시

기 위해, 애통하는 자를 보호하시고 위로하신다. 그러므로 우리는 심령이 상할 때마다 하나님의 보호와 위로를 바라는 소망을 품을 수 있다. 하나님은 상한 심령의 산 제사를 좋아하시기 때문이다. 하나님께는 다윗의 '상한 심령'이 곧 '제사'였다. 상한 심령은 하나님께 모든 것을 내려놓고 하나님만을 통치자로 인정한다고 고백하기 때문에, 하나님께서는 상한 심령을 제사와 마찬가지로 취급하신다. 주님은 상한 마음을 가진 자로서, 진심으로 애통해하는 마음으로 주님께 나아가는 자의 산 제사를 받으시고 그에게 회복의 복을 주신다.

때로는 마음이 상해 세상에서는 배척당했을지 모른다. 그러나 하나님은 상한 심령을 거룩한 제사로서 받아주신다는 걸 잊지 말자. 그러므로, 인생이 가장 비천할 때에도 흔들리지 않고 예배자가 되는 사람이 진짜 예배자이다. 예수님은 그렇게 상한 마음으로 낮아지고 간절히 그분을 원하는 자를, 산 제사의 준비가 된 거룩한 자로 받으신다.

하나님께서는 우리가 외적인 성공을 성취하고서 드리는 멋진 경배보다, 엘리야처럼 로뎀나무 아래에서 회개하고 구원의 은혜를 체험한 상한 심령을 더 가치 있게 여기신다. 하나님은 그분 앞에서 거룩과 겸손을 겸비한 상한 심령을 교만한 심령보다 사랑하신다(미 6:6).

당신이 상한 심령을 가진 상황이라도 이겨낼 수 있다는 소망과 기대를 버리지 말자. 주님은 당신을 가장 사랑하시는 분이시며, 환난 가운데서도 버리지 않으신다. '그래서 예수'이시다.

23

;

자신을 정면으로 보는 용기

자화상

한번도 웃어 본 일이 없다.
한번도 울어 본 일이 없다.
웃음도 울음도 아닌 슬픔
그러한 슬픔에 굳어 버린 나의 얼굴.

도대체 웃음이란 얼마나
가볍게 스쳐가는 시장기냐.
도대체 울음이란 얼마나
짓궂게 왔다가는 포만증이냐.

한때 나의 푸른 이마 밑

검은 눈썹 언저리에 매워 본 덧없음을 이어

오늘 꼭 가야 할 아무 데도 없는 낯선 이 길머리에

쩔룸 쩔룸 다섯 자보다 좀 더 큰 키로 나는 섰다

어쩌면 나의 키가 끄으는 나의 그림자는

이렇게도 우뚝히 웬 땅을 덮는 것이냐.

지나는 거리마다 쇼윈도 유리창마다

얼른 얼른 내가 나를 알아볼 수 없는 나의 얼굴

'문둥이 시인'으로 알려진 한하운의 '자화상'이란 시이다. 병 때문에 자신의 얼굴에서 미소가 사라지는 걸 보고 이 시를 썼다.

그는 술이 센 건장한 사나이였다. 몸이 강철 같던 그가 한센씨병(나병) 환자가 되고 나서, 자기 몸이 변하는 걸 매일 살피게 되었다. 그 당시에 그런 환자라면 가야만 했던 소록도로 가면서 쓴 시 '전라도 길, 소록도 가는 길에'에서, 자신의 신체 변화로 인한 절망감을 이런 시로 썼다.

가도 가도 붉은 황톳길

숨 막히는 더위 속으로 쩔름거리며

가는 길…

신을 벗으면

버드나무 밑에서 지까다비를 벗으면

발가락이 또 한 개 없다

한센씨병 환자들을 수용하는 소록도로 가는 것을 '숨 막히는 더위 속으로 쩔름거리며' 가고 있다고 표현했다. '발가락이 또 하나 없어졌다'라는 표현을 보면, 미래에 겪어야 할 고통과 절망마저 새로운 일상처럼 받아들인 것 같다. 상실감에서 벗어나겠다는 의지를 담담하게 보여주는 시이다.

죽을병에 걸리거나 장애를 얻은 것처럼, 자신에게 가장 소중하고 필요한 건강을 잃게 되면 처음에는 그 상황을 받아들이기 힘들다. 부정하고 싶은 마음이 들어 고통스럽다. 하지만 긴 절망의 시간이 지나면 비로소 현실을 인정하게 된다. 현실 속에서 차츰 자신을 보게 되는 것이다. 하지만 현실을 인정하지 않는 사람은 자신을 직면하기 어렵다. 절망을 벗어나는 데 꽤 오랜 시간을 허비하기도 한다. 반대로 상황을 인정하는 사람은 그 속에서도 소망을 찾을 수 있다. 절망을 긍정적으로 보는 사람은 그 시점부터 자신을 재정비하는 시간으로 활용한다. 스스로를 정비하려는 사람은 이미 희망을 믿고 있다는 증거다.

하나님의 음성을 듣는 위기의 시간

김동호 목사님께서 암에 걸리고 나서, 암에 걸린 환자는 죽음의 두려움 때문에 생각과 행동에 제약을 받게 되는 것을 알았다고 하셨다. 그래서 '병에 걸린다'라는 표현을 이해하게 되었다고 하셨다. 생각과 행동이 온통 병에만 사로잡혀 버리는 것이다. 일리 있는 말씀이다.

건강했던 어떤 사람이 당뇨병에 걸렸다고 하자. 병에 걸린 그의 생각이 온통 당 치수를 낮추려는 데만 집중하게 되는 것은 당연하다. 당뇨 합병증으로 발가락을 잘라야 하고 눈이 멀기 시작하는 상황까지 가지는 않더라도, 당뇨병에 걸렸다는 것을 알게 된 사람은 꼼짝없이 매일 당 치수를 재고 운동하는 일에 매여야 한다.

만약 병이 심해진다면 두려움과 상실감은 커질 것이다. 그럴 때면 병 자체보다 절망감에 걸려 정상적인 생활을 하기 힘들어질 수 있다. 건강 관리 외에는 단 1초도 다른 데 신경을 쓸 겨를이 없이, 오로지 그 위기에만 사로잡혀 버린다. 병에 걸렸다는 건 그런 것이다.

그러나 건강을 잃는 위기는 동시에 나를 바라보는 기회가 될 수 있다. 아니, 나를 바라볼 기회로 삼아야 된다. 그래야 자신에게 필요한 생각과 행동의 변화를 일으킬 수 있다.

당뇨병과 같은 몸의 이상을 발견한 사람은 건강 관리를 해야 한다. 잘만 하면 오히려 건강한 사람이나 검사를 받지 않은 사람보다 오래 살 수도 있다. 자신에게 병이 있다는 현실을 인정하고 긴장하기 때문이다. 건강을 잃은 자신의 상태를 직시하면 이후로 자신의 건강을 살피고 조심하게 된다. 위기를 통해 자신을 보게 되었기 때문이다. 위기도 마음먹기에 따라 그 의미가 달라질 수 있다.

자신을 마주할 용기와 미래의 희망

한하운 시인처럼 자신의 비극적인 상태를 그대로 받아들인다는 것은 어려운 일일 수 있다. 하지만 누구나 위기와 고통에 처할 때를 대비해 자신을 마주 보는 연습은 반드시 필요하다. 자신을 마주할 용기가 없는 사람은 미래의 희망을 갖기도 어렵다.

한하운 시인은 병든 자신의 삶이 비관적이기만 한 것이 아니라 오히려 희망일 수 있음을 깨닫고, 자신 같은 처지의 환자를 돕겠다는 용기를 냈다. 그 시인처럼 자신을 있는 그대로 받아들일 줄 아는 것이 진정한 용기이다.

문득, 속임수를 써서, 형 에서에게서 장자의 복을 가로챘던 욕심 많은 꾀돌이 야곱이 기억난다. 그 일이 일어나고 20년이 지나서, 야곱은 형에게로 돌아가려 한다. 에서는 20년이 지났지만 아직도 동생을 향한 분노와 증오가 사라지지 않았다.

야곱은 형이 400명의 군사를 이끌고 온다는 소리에 두려움과 고민에 빠진다. 야곱은 두렵고 외로운 밤에 얍복강 강가에서 자신을 마주한다. 그곳에서 평생 바라보지 않아서 몰랐던 자신의 문제를 발견한다. 자신이 자랑하던 술수가 아무 소용없다는 것을 드디어 깨닫게 된 것이다. 그리고 무기력이 본래의 자기 모습임을 겸허히 받아들이게 된다.

그는 칠흑 같은 밤에 무수히 많은 별을 바라보며, 적막한 그곳에서 위기에 처한 자신의 존재를 하나하나 살펴보았다. 그때 들린 욕망의 음성은 그를 괴롭혔다. 하지만 세상과 구별돼 혼자만의 시간을 보내고 있는 야곱에게 그동안 의지하던 세상의 소리는 더 이상 들리지 않았다. 들끓던 욕망의 소리는 멀어지고, 잘 들리지 않던 하나님의 음성이 들리기 시작했다. 자기 유익을 추구하는 데 급급했고 아무도 배려하지 않던 꾀돌이 야곱은 드디어 하나님의 음성에 집중할 수 있게 되었다.

야곱처럼 하나님을 알고 성실하게 믿는 사람 가운데에도 꾀돌이가 많다. 자신의 유익을 위해 세상에서 잔머리를 잘 굴리는 야곱 같은 사람도 종종 인생의 바닥에 떨어져 허우적댈 때가 있다. 그런 사람은 그럴 때라야 비로소 자기와 마주하며 하나님의 음성에 귀를 기울인다. 그에게 위기의 시간은 자신의 한계와 원래의 모습을 볼 수 있는 기회이자 하나님의 음성을 들을 기회가 된다.

내가 목회자이기 때문인지, 나 역시 어려운 일을 당해 허우적대고 있으면서도 부득이 위기에 빠진 연약한 사람의 회복을 도와야 하는 아이러니한 상황을 종종 맞는다. 내 상황도 힘들어 누굴 도울 처지가 아닌데 말이다. 그럴 때면 내가 좋아하는 성경 구절 중의 하나인 마태복음 8장을 떠올린다. 내가 마음이 청결한 자, 마음이 가난한 자, 화평케 하는 자, 의를 위해 핍박받는 자, 긍휼히 여기는 자가 되게 하시며, 하나님 나라를 볼 수 있게 하신다는 말씀이다. 그때 나는 큰 진리를 깨닫는다. 내가 잘나서 다른 사람을 돕는 게 아니라는 것이다. 나로 하여금 하나님 나라를 볼 수 있게 하시려는 하나님의 은혜요 계획 덕분이라는 것을 깨닫는 것이다.

그리스도를 통해 나를 마주 보자

여러 번의 자동차 사고에서 생명을 구해주시고, 선교지에서도 안전하게 보호하신 일은 나의 삶의 무게를 다르게 했다. 내 삶은 이제 더 이상 나를 위한 것이 아니다. 나의 고난은 십자가의 고난을 깨닫게 하심이다. 나는 살아도 죽어도 주님을 위한 존재이다. 고난은 주의 이름으로 세례를 베푸는 목회자로서의 삶에서 떠나지 않도록 하심이며, 하나님 나라를 볼 수 있도록 하심이었다.

내 인생은 외롭고 고난일 수밖에 없는 주의 십자가를 지고서 하나님 나라에 가는 여정이다. 그러기에 하나님께서는 내가 주님의 뜻을 구하며 살도록 하신다. 하지만 하나님의 뜻을 구하며 살아가야 하는 삶의 무게는 가볍지 않다. 하나님의 뜻을 구하는 삶이 마냥 쉽겠는가? 늘 거룩하고 순결하며 성령 충만해야 한다. 거룩해야 하기에 세상과 충돌할 수밖에 없다. 그러므로 우리가 세상과 충돌하여 삶에 고난과 위기가 넘실거린다면, 그것은 당연하며 감사한 일일 것이다.

'세상의 고난을 선택할 것인가? 아니면 세상의 안위를 선택할 것인가?'

이 두 질문 때문에 우리의 마음속은 오늘도 전쟁터이다. 내 마음을 지키지 않으면 욕망에 물든 시커먼 길을 걸어 하나님 나라의 영광을 가릴 것이다.

나는 오늘도 세상의 법과 그리스도의 법의 싸움 사이에 서 있다. 불행하게도 나는 사망의 법을 따르는 죄인임을 발견한다. 그나마 내가 죄인임을 볼 수 있다는 것은 다행이다. 내 마음을 지키는 마음 방역의 첫 단계는 내가 죄인임을 깨닫는 것이기 때문이다.

위기 속에서 자신을 마주하면 자신의 가치 평가, 즉 삶의 무게를 재는 일을 타인에게 맡기지 말자. 남 눈치 보는 일은 이제 좀 그만하자. 좋을 때이든 나쁠 때이든, 행복한 날이든 슬픈 날이든, 비가 오는 날이든 햇빛이 비치는 날이든, 어떤 날이든지 그리스도를 통해 자아를 마주하자. 세상 어떤 것에도 의존하지 말고, 나를 진정으로 인정하고 사랑하시는 그리스도를 만나자. 주님은 당신의 상처와 고난과 두려움을 만져주시고, 위기로부터 자유롭게 하실 것이다. 우리는 그분 한 분이면 충분하다. '그래서 예수'이시다.

24

;

희망 보존과 마음 방역의 미학

경찰견의 방탄조끼

뉴욕시 경찰은 범죄 현장에 경찰관이 들어가기 전에 훈련된 개를 먼저 들여보내 수색한다고 한다. 그러나 경찰견도 때때로 총을 맞는다. 그래서 경찰은 경찰견의 생명을 보호하기 위해 경찰견에게도 방탄조끼를 입힌다. 경찰견은 행동이 부자연스러운 방탄조끼를 입어야 하는 이유를 잘 모를 것이다. 사람도 마찬가지다. 하나님께서 왜 성령과 율법의 방탄조끼를 입히려 하시는지 깨닫는다면 자진해서 그 무겁고 구속력 있는 방탄조끼를 입을 것이다. 그분의 율법과 명령은 우리를 짓누르는 것이 아니라, 보호하기 위한 것이기 때문이다.

주님의 동행 또한 우리에게 방탄조끼와 같다. 따라서 고난과 위기가 닥쳤다고 느낄 때, 성령님께서 방탄조끼처럼 당신을 보호하고 계신 것을 기억해야 한다. 하나님은 세상의 공격을 받아 불안하고 두렵고, 걱정하고 스트레스받게 되는 마음의 부상으로부터 당신을 보호하시고 생명을 구하신다.

수많은 정신병이 대개 부서진 마음에서 기인한다. 마음은 육체의 심장에 있는 것이 아니라 뇌에 있다고 보는 사람이 많다. 마음은 생각과 같기 때문이다. 약해서 부서지기 쉬운 것이다. 그래서 마음 방역이 중요하다. 희망을 보존하기 위해서다.

고통으로 지친 마음은 소망이라는 면역력을 떨어뜨려 '희망 제거 바이러스'에 대한 저항력을 약화시킨다. 특히 요즘 같은 펜데믹 시기에는 바이러스 방역 못지않게 지쳐 있는 마음을 위로하고 보호하는 것 또한 중요하다.

우리는 마음이 병에 걸리지 않도록 영적인 방역을 해야 한다. 삶을 어둡게 하는 비난 바이러스가 침투하면 정신이 얼마나 파괴되는지, 나의 소중한 시간이 얼마나 날아가는지 모른다. 하지만 비난에 일일이 대응할 수는 없다. 처음부터 감염되지 않는 것이 중요하다. 비난받는 시간에는 오히려 하나님의 말씀을 더 많이 묵상하고, 더 좋은 글을 읽고 좋은 생각을 하는 편이 삶에 유익할 것이다.

마음 방역은 자기방어와 같은 의미가 아니다. 자신을 방어하는 사람은 대개 공격적이다. 최선의 공격이 최선의 방어라고 착각하는 것이다. 하지만 마음 방역이란 자신을 영적으로 건강하게 보존하기 위해 어두운 세력으로부터의 감염되지 않도록 조심하는 것이다.

나를 우울하게 만들고, 비판하게 만들고, 증오와 미움이라는 어두운 영에 사로잡히게 하는 바이러스로부터 방어하는 것이 마음 방역이다. 마음 방역이 잘되는 건강한 사람은 상대가 비난을 뿜어낼 때 상대의 비난에 집중하지 않으며, 세상이나 자신의 욕구에도 집중하지 않으며 하나님의 마음에 집중한다. 하나님의 마음이 나에게 의미하는 것을 상기해보고, 가슴에 품은 나의 생명력을 돌보는 것이다.

하나님은 우리에게 절망과 우울증 같은 죽음의 질병을 주시려는 것이 아니다. 우리에게 생명을 주시려고, 절망과 죄와 같은 바이러스로부터 마음 방역을 하도록 계획하셨다.

진멸하라는 명령에 귀를 기울여라!

여호수아와 그의 군대가 아이성을 정복하는 과정(여호수아서 8장)에서 우리는 죄로부터 마음을 방역하는 백신이 무엇인지 알 수 있다.

이스라엘 민족이 가나안 입성을 앞두고 있을 때였다. 아이성에 이르렀을 때, 하나님은 아이성을 진멸하라고 명령하셨다. 하나님이 왜 그러셨을까? 하나님께서 무신론자들에게는 잔인하고 말로만 사랑을 운운하는 이중적인 분이라서 그러셨을까? 그렇다면 이 사건은 무신론자들에게 하나님은 존재하지 않는다고 주장할 수 있는 빌미를 제공한 것이다.

하나님은 여호수아와 이스라엘 백성에게 아이성을 치기 전에 할례를 통해 성결하라고 명하셨다. 거룩하라고 하신 것이다. 가나안 땅에서 세상과 구별된 거룩한 문화를 세우고, 그것을 통하여 하나님의 삶의 방식과 법을 전하려고 하셨다.

하나님은 가나안이 어떤 곳인지 알고 계셨다. 그분의 뜻대로 살 수 없는 죄의 바이러스가 창궐한 곳이었다. 그래서 이스라엘 민족이 가나안에 들어가서 살 때, 가나안의 문화와 가치관과 전통과 타협하며 살까 걱정하셨다.

이스라엘 백성이 아이성과 여리고성을 점령한다는 것은 세상과 전투를 벌이는 일이기에 적당히 싸울 수 없었다. 진멸해야 했던 것이다. 오늘 우리도 마찬가지다. 은연중에 내 마음에 들어와 있는 세상 문화와 가치관과 철학 같은 적과 싸워야 한다. 따라서 대충 싸워선 물리칠 수 없다.

우리는 하나님의 방식으로 살기 위해 죄와 싸운다. 하나님은 우리가 죄와 적당히 싸우기를 원치 않으시고 피 흘리기까지 싸워서, 죄가 하나도 남지 않게 깨끗하고 거룩하며 순결한 백성이 되기를 원하신다(히 12장). 그래서 하나님은 남김없이 모든 죄를 진멸하라고 명령하심으로 성별과 거룩을 요구하신 것이다.

이스라엘이 순결한 백성이 되기 위해서는 죄를 완전히 진멸하고, 죄의 바이러스가 들어오지 못하도록 철저히 차단하는 마음 방역이 이뤄져야 했다. 죄를 온전히 살균하고 차단하기 위해, 그들은 '진멸'이라는 백신을 사용해야 했던 것이다.

우리의 인생도 거룩하고 깨끗이 준비되어 있어야 쓰임 받는다. 코로나 시대에 백신을 거부하거나 마스크를 대충 쓰면 감염될 위험이 높아진다. 마찬가지로, 죄를 가볍게 여기거나 몇 개의 죄를 적당히 남겨두면 안 된다. 영적 전쟁에서 죄를 완벽히 진멸해야 깨끗하고 거룩한 백성이 될 수 있다.

죄의 진멸을 위한 백신은 구원을 위한 복음이다. 영적 전쟁에서 어둡고 악한 죄로부터 온전한 방역이 될 때, 생명, 즉 구원을 얻게 된다.

25

내려올 때만 볼 수 있는 것

═══════════════════════════════════

올라갈 때 안 보이던 것

교만을 떨 때가 있었다. 산 정상으로 가는 것만 생각하고, 올라가면서 주변을 살펴볼 여유는 없었다. 아니, 주변은 살펴보지 않고 무조건 올라가려고만 했다는 것이 솔직한 표현이다. 그러던 어느 날, 전혀 상상도 못 했던 곳에서 나의 교만이 무너지기 시작했다. 영주권 진행이 꼬이더니 며칠 안으로 미국을 떠나야 하는 비상사태가 발생한 것이다. 영주권 발급을 도와준다는 약속을 받고 부임한 교회가 수속 작업을 하지 않고 있었던 것이다. 많이 서운했다. 아니, 분노가 치밀어올랐다.

사람들이 미워지고, 나는 위기에 처했다. 미국에서의 모든 일이 잘 이뤄지는 듯해서 의욕적으로 진행했던 사역도 갑자기 접어야만 했다. 하늘이 무너지는 것 같았다. 그 상황에서 하나님께서 내게 하시려는 음성은 듣지 못했고, '나를 이용하고 속였다'라고 생각하니 분노만 치솟았다.

나는 꿈꾸던 산 정상에 오르기를 포기하고 내려와야 했다. 그런데 올라갈 때는 안 보이던 길과 주변의 꽃과 나무들이 모두 보였다. 주변을 돌아보니, 내려가는 길이 소중하다는 것을 깨닫게 되었다. 겸손을 깨달은 것이라고 말해야 할까?

마태복음 5장 4절 말씀이 비로소 내 눈에 들어온 것 같았다. 그 말씀의 뜻은 이런 것이었다.

"가장 소중한 것을 잃었다고 느끼는 너희는 복이 있다. 그때에야 너희는 가장 소중한 분의 품에 안길 수 있다."

소중한 것을 잃었는데, 왜 내가 복이 있다고 말씀하시는지 알 것 같았다. 나의 욕망을 위해 하나님 나라의 일을 빙자한 가증스러운 모습, 하나님의 능력을 내 능력으로 가로챈 교만의 죄가 보였다. 그 일로 인해, 아무것도 가진 게 없고 가질 수도 없는 내가, 모든 것을 가지고 누릴 수 있었던 은혜를 잊고 살았음을 보게 되었다.

내려가는 사람 눈에 보이는 것

인생에는 오르막길과 내리막길이 있다. 세상은 오르막길이 성공이고 내리막길은 실패라고 생각한다. 그래서 내려올 때는 쓸쓸한 오만가지 감정을 가지고서 한 걸음씩 천천히 발을 뗀다. 내려가는 사람에게선 실패를 경험한 아픔과 겸손이 모두 보인다. 그때 마주하는 감정과 깨달음은 인생에서 가치가 있다. 성공의 위험과 교만에 대해 알았기 때문이다. 그래서 하나님은 올라가는 것보다 내려가는 삶이 더 소중하다고 말씀하신다.

세상도 낮은 곳으로 내려오는 삶의 중요성을 알고 있다. 고은 시인도 두 줄로 쓴 그의 시에서 이 비밀을 밝혔다.

내려갈 때 보았네,

올라갈 때 보지 못한 그 꽃!

산 정상에 올라갔다가 내려올 때 생기는 변화는 크다고 사람들은 말한다. 올라갈 때는 깨끗한 신을 신고 사뿐사뿐 올라갔을지 모른다. 하지만 내려올 때는 험한 정상을 오르기 위해 신었던 신발은 낡고 더러워져 이곳저곳을 치며 내려온다. 지친 마음으로 터벅터벅 내려오며 바닥을 발로 찰 때마다 고통이 더 크게 느껴지는 듯하다. 하지만 그 고통도 하나님의 사랑을 대할 때는 사라진다. 우리가 일상의 상처 속에 숨어 있는 깊은 진리를 발견하는 것은 변함없이 선하신 하나님의 사랑 덕분이다.

사실 위기와 상처는 삶 그 자체이다. 상처도 삶 속에서 늘 함께하고 있기 때문이다. 그렇다면 위기와 상처를 대하는 가장 좋은 방법은 무엇일까? 위기와 상처와 친해지게 잘 놀면 될까?

이론상으로 상처가 편안한 이웃이 되게 한다는 말은 그럴듯 하게 들린다. 그러나 이 말에는 위험 요소가 있다. 상처를 이기기 위해 상처와 친해지려면 신중해야 한다. 주님 없이 상처는 회복되지 않기 때문이다. 그리스도를 신뢰하는 믿음으로, 상처 속에 있는 고통을 이겨내게 해주시는 그분의 섭리를 기대하며 상처와 동행해야 한다.

상처를 이기기 위해 상처와 친해지려면

미국에서 사는 송요준 장로님은 '굿닥터'라는 별명을 얻은 분이다. 지구촌의료선교회를 설립하셔서 팬데믹 시즌 이전까지 매년 수십만 불에서 백만 불 어치의 의료 기구와 약품을 선교지에 공급하셨다.

송 장로님의 부친도 의사셨다. 선친은 6·25 사변 때 사비로 고아를 지원하셨고 경기도 포천 인근에 교회도 설립하셨다. 선친의 선한 영향을 받은 송 장로님은 가난하고 열악한 환경에서 사는 세계의 환자들에게 받은 은혜를 나누셨다. 나눔과 봉사를 통해 복음을 융통하신 것이다.

그런데 송 장로님은 소아마비로 다리가 불편하시다. 그런데도 사십년 동안, 매년 한 달씩 시간을 내서 외국의 한센인 환자촌을 방문하여 무료로 수술을 해주었다. 미국에서 병원을 한 달이나 쉬는 일이 쉽지 않은데, 모든 비용을 자비로 충당하는 일은 더구나 쉬운 일이 아니다. 그는 수술이 필요한 곳에 장비와 약품을 지원할뿐 아니라, 직접 그 외진 곳에 가서 수술 봉사를 하셨다. 다른 사람들은 전염이 무서워 환자의 근처에도 가지 않으려 하는데, 송 장로님은 피를 묻혀가며 수술하는 일을 주저하지 않으셨다. 참으로 멋진 분이다. 어떻게 그런 삶을 사실 수 있을까?

나는 10여 년 동안 거의 매일 새벽기도를 마치고서 그 분과 교제를 나눌 수 있었다. 그 시간에 그분이 하나님의 은혜를 융통하는 비밀을 들을 수 있었다. 장로님과 나눈 아침의 교제 시간엔 설교자와 성도의 위치가 바뀌곤 했다. 장로님이 설교자가 되고 나는 그 설교를 듣는 성도가 되어, 장로님이 받은 은혜가 나에게 '유통'되었다.

송 장로님은 소외된 자를 사랑하고, 낙심한 자를 위로하고, 가난한 자를 돕는 삶이 복음의 본질이라고 여기신다. 여유가 있는 사람이 가난한 사람을 돕는 것은 당연하고, 믿음이 있는 사람이 복음을 전하는 것이 옳다고 믿는다. 복음의 은혜를 받은 자가 은혜를 유통하는 것은 복음을 받은 자의 의무라고 주장하신다. 그래서 그에게는 많은 이가 거부하는 한센인들의 손을 붙잡아주는 일이 당연해진다. 그는 특별히 육체가 힘든 이들이 실의에 빠진 것을 지나칠 수 없고, 그들에게 은혜를 전해줄 의무가 있다고 믿은 것이다. 그 분의 삶에서 나는 열정과 복음의 담대함을 경험했다. 어디서도 들을 수 없는 '복음의 나눔'이다. 나도 그 덕분에 한센인들에 관한 관심이 늘었다.

소록도에서 한센인에게 세례가 베풀어질 때, 한 외국인 선교사가 장갑을 벗고 어느 한센인의 손을 잡고 기도해준 적이 있다고 한다. 그 한센인은 절망 가운데 있는 자신의 몸에 수십 년 만에 처음으로 손을 대준 선교사에게 감동하여 울었다고 한다. 그를 통해 큰 위로와 격려를 받고 마음에 치유를 받은 한센인은 복음을 받게 되었다. 은혜를 유통하면 이런 결과가 온다.

성경에서도 주님의 치유를 받은 자들은 받은 은혜를 유통하는 자가 되는 것을 볼 수 있다. 치유를 받은 자는 곧 은혜를 전하는 살아있는 간증이 된다. 그리하여 주님의 능력과 그분이 구세주임을 전했던 모습을 우리는 성경에서 보았다. 세례받은 한센인도 복음의 은혜를 유통하는 증인이 되었다. 그런 걸 보면 우리에게 상처가 주어진 것은 간증이 되게 하기 위함이다. 당신의 상처를 통해서도 주님의 능력이 드러날 날을 기대한다.

내가 이 글을 쓰기 며칠 전, 송 장로님과 자주 만나는 장소에서 식사 교제를 나누었다. 그가 은퇴하신 지 수년이 지났다. 부인은 먼저 하늘나라로 이민 가셨다. 삶의 시간은 속이지 못하나 보다. 장로님의 얼굴에 자글거리는 주름이 보인다. 하지만 그는 아직도 영육이 정정하시다. 얼마나 감사한지 모른다. 내가 아프지 않는 한, 장로님과 더불어 은혜를 융통하는 법을 계속 배울 수 있을 거라는 기대를 한다.

주변을 살펴보고 은혜를 유통하라

하루는 송 장로님과 함께 레스토랑에 갔다. 이런저런 이야기를 나누고 있는데, 웨이터가 물을 부어주려고 다가왔다. "식사는 잘하고 있느냐? 맛은 어떠냐?"라고 물었다. 송 장로님은 웨이터에게 즐거운 표정으로 "당신의 서비스에 감사하다"라고 칭찬해주셨다. 친해진 틈을 타서, 장로님은 늘 그랬듯이 그에게 복음을 전하셨다.

"당신의 이름이 뭔가요?"

"저는 제임스입니다."

"와! 멋진 이름이네요. 내가 아는 사람 이름과 같아요. 성경에 당신 이름이 나온다는 거 아시나요? (한글로 야고보이지요.) 혹시 그리스도인은 아니신가요?"

대화를 끌어가던 장로님은 웨이터에게 성경을 전하셨다.

그 분은 나처럼 산으로 올라갔다가 내려오면서 새로운 것을 보시고 자신을 정비하신 것이 아니다. 그는 어릴 때부터 가난하고 낙심하고 도움이 필요한 자들에게 은혜를 유통하는 삶이 몸에 밴 분이다.

나는 그날 송 장로님을 보면서 한 가지 결심한 다짐이 있다. 아예 산에 오르기 전부터, 산을 오르면서도 주변을 살펴보고 은혜를 유통하는 삶을 살아야 한다는 것이다. 내가 위기를 당한 후에야, 혹은 실패해서 내려오면서 하나님께 받은 은혜를 유통하는 건 너무나 죄송할 것 같기 때문이다.

"구원자 예수님이 당신을 사랑하십니다. 당신의 미소가 참 보기 좋습니다."

웨이터에게 복음을 전하시던 송 장로님의 목소리가 머릿속에서 계속 맴돈다.

26

굴이 진주가 될 수만 있다면

진주를 만들고 있는 시간

로마제국의 여덟 번째 황제였던 아울루스 비텔리우스Aulus Vitellius를 섬긴 하인들은 이른 새벽부터 분주하게 움직여야 했다. 비텔리우스가 굴을 너무나 좋아하여 아침에도 굴을 먹었기 때문이다. 그는 특히 영국산을 좋아했다고 한다. 이태리가 3면이 바다라 로마에서도 해산물을 구할 수 있었을 텐데, 그 시절에 도대체 어떻게 구해왔는지 몰라도, 그 먼 영국에서 굴을 수입해서 매일 먹을 정도였다고 하니 정말 어지간히 굴을 좋아했던 것 같다.

〈음식으로 읽는 로마사〉(윤덕노 지음)에 의하면, 로마인들이 정복 전쟁 과정에서 굴 맛을 알게 돼, 무려 1,200킬로미터가 넘는 영국에서 굴을 구해 알프스산맥을 넘어 운송하고 저장하는 산업이 발달했다고 한다. 길을 만들고 온갖 상품을 유통하는 기술을 개발한 로마가 굴 같은 신선식품까지 운송했다니 놀랍기만 하다.

좌우간 황제가 굴을 좋아하기에 황실이 베푸는 만찬마다 어김없이 굴이 올라왔는데, 만찬이 열린 어느 날이었다. 만찬장 한가운데에서 한 관료가 하인을 때리며 성을 내고 있었다. 그 관료가 굴을 씹을 때 '우직' 하고 돌 같은 게 씹혔기 때문이다. 알고 보니 영국에서 가지고 온 굴 속에서 진주가 만들어졌던 것이다. 다행히 다른 관료가 그 돌이 진주라는 걸 확인시켜 주었고, 그날 죽을 목숨이었던 하인은 인품 좋은 관료 덕분에 목숨을 건질 수 있었다. 진주까지 얻는 행운도 얻었을지 모른다.

굴도 조개처럼 진주를 만든다. 진주는 굴의 고통의 산물이다. 굴 속에 이물질인 모래가 들어가서 생기는 것이다. 인공적으로 진주를 만들기 위해서는 굴이나 조개에 이물질을 넣어준다고 한다. 작고 예민한 알갱이가 낯선 자극물이 되면, 굴 껍데기 안에 있는 모든 세포에서 방출한 치료액이 이물질이 있는 곳으로 몰려가 치료를 시작하게 된다. 그 과정에서 생기는 것이 바로 진주다. 그렇다면 진주는 '스트레스로부터 치료받은 상처의 상징'이다. 자극이라는 역경으로 말미암아 태어날 수 있는 것이다. 치료에 순응함으로 양육되어, 귀중한 보석이 되는 것이다.

당신도 상처가 없다면, 즉 성장에 자극을 주는 어떤 방해가 없다면, 당신의 진주는 창조되지 못한다. 상처가 없으면 먹고 없어지는 굴로만 사라지게 되지만, 상처받았기에 진주를 품은 굴이 되는 것이다.

굴은 긴 고통의 시간을 견뎌내고서 진주를 생산한다. 아니, 진주로 변신한다. 신분 상승을 한다고 해야 맞는 말일 것이다. 그러기에 많은 시간이 필요하다. 우리도 아픔을 겪은 시간만큼 성장한다. 아픈 시간 때문에 우리의 가치가 더 빛나게 되는 것이다. 아픔은 그래서 가치가 있다.

당신이 겪고 있는 아픈 시간은 진주를 만들어내는 시간이고, 당신의 상처는 진주를 품은 것이다. 진주 같은 주님의 백성이 되기 위한 시간이기도 하다. 시련을 인내로 통과하는 당신은 아픔을 진주로 변하게 만든 멋진 주인공이다.

진주는 믿음의 시련이 만들어낸 인내와 같다(약 1:3). 성경에는 인내와 믿음을 같이 언급한 경우가 많다. 믿음의 열매가 인내이고, 인내의 선물이 믿음이기도 하다. 상처의 시간을 흔들리지 않는 믿음으로 견디면 진주를 얻는다.

믿음과 인내로 진주를 만들어내자

당신이 얼마나 아팠을지는 내가 경험해보지 못해 잘 모르지만, 당신도 급성 위경련만큼, 산모가 아기를 출산할 때만큼, 아니면 말기 암 환자의 고통만큼 아픈 시간을 보냈을 것이다.

일상에서 당신을 지치게 만들고 아프게 만들고 고통을 주는 것이 무엇인지 생각해보자. 매달 내야 할 월세, 상사의 갑질, 나의 무능력, 사랑하는 이를 갑자기 잃는 일, 생계의 걱정 같은 것인가? 그런 일상이 인생의 발목을 잡고 있다고 생각하는가? 이런 상황에도 아무렇지 않다면, 당신의 인내심은 자타가 공인할 만큼 최고다.

사람의 인내력은 한계가 있어서 그 한계를 넘기면 폭발한다. 화가 나는 것이다. 그런 상황이 오면 누구나 평정심이 깨지고, 분노하게 만든 일로 인해 삶의 아픔을 느끼게 된다. 평정심을 잃고 삶이 귀찮다고 느끼는 건 어쩌면 지극히 당연하다.

모든 상황에서 분노를 자제할 수 있고, 스스로 상처를 치유하고 압박감을 이겨낼 사람은 거의 없다. 다만 낙심할 시간에 당신이 '굴' 같은 인생을 살고 말 것인지 '진주'가 될 것인지 선택은 할 수 있다. 고통으로 인해 분노와 미움이 싹트지 않도록, 인내심의 한계를 넘지 않도록 마음의 준비를 해야 한다.

야고보는 교회를 향해 믿음의 시련과 시험을 기뻐하라고 격려한다. 믿음이 인내를 만들어내기 때문이다. 인내가 당신이 겪는 상처와 고난의 경험을 온전하고 부족함 없는 최고의 진주로 만드는 데 필수 요소인 것이다.

²내 형제들아 너희가 여러 가지 시험을 당하거든 온전히 기쁘게 여기라 ³이는 너희 믿음의 시련이 인내를 만들어 내는 줄 너희가 앎이라 ⁴인내를 온전히 이루라 이는 너희로 온전하고 구비하여 조금도 부족함이 없게 하려 함이라 ⁵너희 중에 누구든지 지혜가 부족하거든 모든 사람에게 후히 주시고 꾸짖지 아니하시는 하나님께 구하라 그리하면 주시리라 _약 1:2–5

수많은 시련이 삶을 에워쌀 때, 상처와 낙심이 삶의 방해자로 여겨질 때, 우리에게는 인내가 필요하다. 진주는 인내로 인해 창조된다. 나는 당신이 시련으로 인해 낙오되지 않도록 격려하고 싶다. 인내하는 과정은 삶에서 진정 필요한 순간이기에 기뻐해야 한다. 그러면 상처가 진주라는 선물을 안겨줄 것이다.

당신이 성숙한 성품을 가진 사람이 되고 싶다면, 그 고통의 시간을 가장 귀하게 사용해야 한다. 환난과 함께하는 사명자의 삶을 살아야 하는 우리에게는, 위기에 처한 지금이 진주를 만들어낼 수 있는 가장 중요한 시간이다.

가난하여도, 아파도, 힘들어도 성실하게,

부해도 부한 티 나지 않게 겸손하게,

가난해도 가난의 티 내지 않고,

병에 걸렸어도 당당하게 승리하며,

하나님 영광을 자랑하며

티 안 나게 살 수 있는 능력을

허락하여 달라고 기도하여야 합니다.

하나님이신 예수님은 사람이 아니심에도 불구하고

'하나님 티' 내지 않으셨습니다.

우리도 티 안 내신 예수님처럼 살며,

어려운데도 소망 중에 살기에,

그리스도를 드러내는 위대한 삶을 살 수 있는

능력을 허락하여 주시옵소서.

예수 그리스도의 이름을 받들어

기도하옵나이다. 아멘.

김동호 목사님

'날기새'(날마다 기막힌 새벽) 2021년 11월 15일 말씀
'티가 나는 사람, 티가 나지 않는 사람' 중에서